教育フォーラム65
JAPAN SOCIETY OF HUMANISTIC EDUCATION

# 人間力の育成

## 人間教育をどう進めるか

梶田叡一◎責任編集
日本人間教育学会◎編

金子書房

教育フォーラム65

特集◎人間力の育成──人間教育をどう進めるか

# C O N T E N T S

特集◎学びに向かう力──学習活動を支える情意的基盤を

特　集

# 人間力の育成

人間教育をどう進めるか

特集◎人間力の育成——人間教育をどう進めるか

●

# 育成すべき人間力とは何か

「未来社会への対応力」だけでなく

●

梶田 叡一○かじた　えいいち

【「〈Society 5.0〉時代への対応」といった発想でよいか】………………………

　知識爆発が続き，グローバル化が急速に進んでいる。例えばスマホやパソコンの普及だけを見ても，確かに我々の仕事の仕方や生活の仕方に大きな変化がもたらされている。また我々の周囲に急速に外国人の姿が増えてきていることは，誰もが気づいているところであろう。こうした大きな社会変動の中で，小学校や中学校，高等学校，大学で現在学びつつある子どもたちや若者たちがどのような力をつけていけばいいのか，現在とは大きく異なった様相となる未来社会でうまくやっていくためには資質能力として何が必要なのか，こういった視点からの議論は重要かつ不可欠な意味を持っていると言ってよい。

　例えば，〈Society 5.0〉時代に対応する教育のあり方，そこで求められる人間像が，内閣府や文部科学省から，このところ繰り返し言われている。ちなみに〈Society 5.0〉とは，狩猟社会，農耕社会，工業社会，情報社会に続いて到来するAI（人工知能）技術に支えられた社会であるとされる。そこではAIの発達によって従来の多くの仕事の内容が大幅に変化し，また社会生活の基本的なあり方も変わるため，人々の働き方も生活の仕方も大きく変わっていかざ

るをえない。そのため次のような基本的方向で教育していくことが必要だとさ
れる（中央教育審議会初等中等教育分科会 2019.10.4.資料「Society5.0 に向け
た人材育成〜社会が変わる，学びが変わる〜」Society5.0 に向けた人材育成に
係る大臣懇談会）。

&#9670;新たな社会を牽引する人材
&#9679;技術革新や価値創造の源となる飛躍知を発見・創造する人材
&#9679;技術革新と社会課題をつなげ，プラットフォームを創造する人材
&#9679;様々な分野でＡＩやデータの力を最大限活用し展開できる人材　等
&#9670;共通して求められる力
&#9679;文章や情報を正確に読み解き対話する力
&#9679;科学的に思考・吟味し活用する力
&#9679;価値を見つけ生み出す感性と力，好奇心・探求力

　確かに，こうした点はこれからの学校教育において大事にしていくべき重要
な課題である。しかし本当は，もっと根本的かつ総合的な形で，「人間力＝生
涯にわたって人間らしく生き抜いていく力」の育成を考えていかなくてはなら
ないのではないだろうか。
　「Society5.0 に向けた人材育成」という考え方での最も大きな弱点は，「社会
に出てからうまくやっていけるための資質・能力を身につけさせるための教
育」という発想しかないことである。簡単に言えば「社会のための教育」とい
う発想から抜け出せていないのである。つまり「人間としての充実した生を全
うしていくための教育」という発想が希薄なのである。もう少していねいに言
えば，教育は本来，「この世に生を受けた一人の人間として，社会でもうまく
やっていけると同時に，自分自身の人生をも充実した形で全うしていけるため
に必要な資質・能力を身につけさせるためのもの」でなくてはならない。この
意味で，〈我々の世界を生きる力〉の育成だけに留まるのではなく，その基底
にあるべき〈我の世界を生きる力〉の育成について考えていかなくてはならな
いのである。

**【OECDの「キーコンピテンシー」の考え方はどうか】** ……………………

　もう一つ，これからの教育の理念的な目標として語られることの多い「キーコンピテンシー」についても，ここで簡単に見ておくことにしたい。

　OECD（経済開発協力機構）では，1997年末に「コンピテンシー（資質・能力）の定義と選択（DeSeCo）」の研究プロジェクトを開始し，2003年に最終報告を発表した。この報告では，これからの教育にとって各国共通に目標とされるべきものとして「キーコンピテンシー（必須の資質・能力）」が強調されており，2000年から開始されたPISA国際調査では，これが概念的な枠組みになっている。ここで「キー（必須の）」と呼ばれて強調されている資質・能力は，次の3つの基準から選ばれたものである。

（1）人生の成功や社会の発展にとって有益なもの

（2）様々な文脈における重要な課題に対応する上で必要なもの

（3）特定の専門家でなく全ての個人にとって重要なもの

　こうした視点に基づいて選ばれ強調される「キーコンピテンシー」は，以下の3つの領域にわたるものとされ，典型的な3つの力がそれぞれの領域ごとに例示されている。

　　◆社会・文化的，技術的ツールを相互作用的に活用できる資質・能力

　　　●言語・シンボル・テキストを活用できる力

　　　●知識や情報を活用できる力

　　　●テクノロジーを活用する力

　　◆多様な集団において人間関係を形成できる資質・能力

　　　●他人と円滑に人間関係を構築する力

　　　●協調する力

　　　●利害の対立を御し解決する力

　　◆自立的に行動できる資質・能力

　　　●大局的に行動できる力

　　　●人生設計や個人的計画を作り実行できる力

　　　●権利，利害，責任，限界，ニーズを表明できる力

　これは，先に挙げた〈Society 5.0〉時代を展望しての教育目標よりは，目配りが広くなっており，新しい時代に向けての教育が目標とすべきところの核心を，かなりの程度まで指し示すものとなっている。とりわけ，〈我々の世界を生きる力〉だけでなく〈我の世界を生きる力〉に関わる点が，「人生設計や個人的計画を作り実行できる力」という形で注目されていることは評価できる。しかしながらここにも，「総合的な人間力」の基盤となるべき「人間としての育ち」を実現する上で，大事な点での見落としが残っているように思われてならない。

**【「人間としての育ち」として本質的な教育目標とは】**……………………………
　一人の人間としての育ちを考える上で，最も重要なのは，

◆　[強靭な主体性の確立]，すなわち，安易な迎合・同調を避け，自分の価値基準を磨き，その基準に照らし合わせて自分の責任で考え，判断し，発言し，行動することを心がけ，その方向に向かって常に自分自身を律していけるようになること

であろう。この点こそ，家庭でも学校でも社会でも，子どもたちや若者たちが責任ある一人前の人間として育っていく上で最も期待するところではないだろうか。こうした主体性を実現していく上では，自分自身で何かの課題意識を持ち，何かを企画し，それを実行していく中で常に評価しつつ軌道修正を図り，その上でまた次のステップに進んでいく，といったPDCA的な取組みを土台としたアクティブ・ラーニングの積み重ねが大事な意味を持つことは，あらためて言うまでもない。また，生活のあらゆる場面において，自分自身の実感・納得・本音の世界を大事にし，常にその地点に立ち返って考え，判断し，行動する，といった習慣づけを図っていくことが，根本的な重要性を持つものと考えられる。
　主体性の確立と同時に大事な意味を持つのが，

◆　[他者への深い共感性]，すなわち「他の人の悲しみや喜びを我が事として悲しみ喜ぶ」といったアガペ的な愛に支えられた基本感覚を身につ

けていくこと

である。これは，仏教で言う「慈悲」であり，イエスの最も強調した「他人を己のごとく愛する心」である。これを抜きにして，単に他の人とうまくやっていくための協調性が身につくだけでは，異質な人々が共に手を取り合って生きていかねばならない社会において，永続する真の「共生」を実現することは不可能ではないだろうか。「一人一人の違いを違いとして尊重し合う共生社会」の実現は，こうした「慈悲」なり「愛」なりを大前提としなくてはならないはずである。これを実現していくためには，互いに相手を尊重し合いながら，表面的な種々の違いを乗り越えて人間として共有する思いやこだわり，喜怒哀楽について感受できるよう自らの感覚を磨き，そこに深く共感していける能力を高め，それを基盤として寄り添っていこうとする気持ちを育てていく，という修練が不可欠ではないだろうか。

　もう一つ，主体性と共感性を深いところで支えるものとして重視すべきなのが，

◆　[本源的自己への立脚]，すなわち自分自身の実感・納得・本音の世界を初めとした内面世界に対して常にこだわりを持ち，その洞察に努め，本源的自己とも言える意識下に潜む自己に固有の渇きや促しを察知し，夢や願い，志として意識化していくこと

である。このことは，与えられた自己の生命の可能性に気づくことであり，それをとことん追究したいという意欲を持つことでもある。これはまた，ユング的な自己実現（真の自己の在り方の現実化）を目指すものでもある。そうした気持ちの源を自己の内心に探り，それを意識化し，自己内対話を重ねて磨いていき，その実現に向けて絶えず自己を方向づけていく努力をする，ということを積み重ねていきたいものである。

【主体的人間としてやっていく上で不可欠な目標とは】……………………………
　こうした大きな方向で人間力の育成を考えていく中で，具体的な力として，少なくとも次の４つについては，不可欠なものとして考えておきたい。１つは，

◆［広く深く合理的な知性］，すなわち広く物事を知って理解し，その上
に立って科学的合理的に思考でき問題解決できる力を，さらには古典や
伝統の教養，英語力を含めた国際性，そして現実的問題解決能力を身に
付けること

である。こうした知性的基盤に立った上での人間力でないと，現代社会におい
て，また未来社会においても，現実に大きな力を発揮することは不可能である。
　その上で，時代の進展に伴って，複雑な社会状況で生きていく上でこれまで
以上に必要となるものとして，

◆［打たれ強さと対処性］，すなわち不遇や挫折の繰り返しに耐えていけ
るタフさと常に前向きにチャレンジしていく精神を身に付けていくこと

の育成を考えておきたいものである。心理学の言葉を使うと，強靭な対処的
（Coping）姿勢を育成することであり，その土台として欲求不満耐性を磨いて
いくことである。対処的姿勢とは，ごまかしをしてでもその時その場の自分を
安楽な場に置く，といった自我防衛的な姿勢と対極的なところにある姿勢で
あって，常に愚直に正面から目前の課題に取り組んでいく，というものである。
また，その土台にあるべき欲求不満耐性とは，やりたいことができず，欲しい
ものが手に入らなくとも，じっと我慢して前向きにやっていこうとする力であ
る。これらはいずれも，スポーツや音楽・美術などの分野で頑張っていくこと
を通じて，あるいは何かの福祉的なボランティア活動に参加していくことを通
じて，また学業的な活動としては班などを作って何かの課題に協同して取り組
み完成させていくなどといった活動を通じて練成されていくことが考えられる
のではないだろうか。もちろん，一人きりで何らかの目標に向かって学習に取
り組むということの中でも不可能ではないが……。
　こうした精神的なタフさと裏腹の形で，どうしても育成しておきたいのが，

◆［自己への信頼と自信］，すなわち「何があっても最終的には大丈夫」
という自信を持ち，「自分自身の可能性は青天井」という自己イメージ
を持つこと

である。小さな時からいろいろと失敗したり挫折したり，あるいは親や学校の

先生から叱られたりして，自分自身に対してネガティブなイメージを持っている人が少なくない。「私なんて結局は」「私なんか少々頑張ったって」といった気持ちを完全に払拭しなければ，自分自身の絶えざる努力を引き出していくことも，とりわけ失敗や挫折が続く中で新たな意欲をその時その時に奮い起こしていくこともできなくなってしまうであろう。「うまくいったりいかなかったりいろいろあるけれど，石にかじりついてでも頑張りを続けていけば，腹の底から笑い合える日が来るはず」という気持ちを確立していきたいものである。

　以上に挙げてきたところと並んで，もう1つだけ，どうしても考えておきたいのが，

　　◆［天命への絶対的信頼］，すなわち「生かされて生きる」「天命を信じて
　　　人事を尽くす」といった精神的姿勢を確立していくこと

である。これを言い換えるならば，自分自身に与えられた天命なり運命なりを全面的に信頼し，受容して（＝地動説的な全面肯定的自己意識），〈今・ここ〉に全力を尽くす（只管＝ひたすらの）姿勢・態度で生きていけるようになること，と言ってもいいのではないだろうか。旧約聖書の『ヨブ記』にあるように，長い人生は紆余曲折に満ちている。その中で，幸運の折にも不運の折にも泰然自若として，「神与えたもう，神取り去りたもう，神の御名は賛美すべきかな！」と口にする主人公ヨブのようでありたいものである。これをもっと言えば，「生もまた運命のままに，死もまた運命のままに」という境地になるのではないだろうか。ここまでいけば，人間，まさに怖いものなしである。

## 【どのような社会どのような時代でも「指し手」として生き抜いていける人間に】

　「社会のための教育」の発想に立つ限り，子どもや若者一人一人を世の中に貢献できる力をもてるところまで育てていく，という教育目標とならざるをえない。そして，一人一人の側からも，「世の中に出て自分にはどのような貢献ができるか」という発想の下にしか自分自身の未来に向かっての努力を方向づけることができなくなる。しかしこれは，「社会的に有能な"駒"」を育てていく道でしかない。"駒"はどこまでいっても主人公ではない。この世に生を

受けたのは，結局のところ社会を支えていくための道具になるためだったのか，優れた道具としての力が発揮できるように教育を受け，長い期間にわたっての努力を続けてきたのか，ということである。

　受験競争に勝ち残り，超有名大学に合格した若者をストレートに顕彰するかのようなマスコミ報道を見るたびに，優秀な "駒" という言葉しか浮かんでこないのであるが，いかがであろうか。これとはまったく逆の視点から言えば，悲しいことに，障害を持つ人たちに対して「世の中に貢献せず，他の人の世話にばかりなって」という声を挙げる人，時にはその歪んだ信念で障害者を迫害する人が出現したりする。これもまた一人一人の人間を社会的効用でしか見ない，つまり "駒" としての優劣でしか見ない姿勢の如実な現れである。一人一人がこの世に生を受けた限り，生きていく主人公である，という当然の原点に，常に立ち返って考えていきたいものである。


　以上に述べてきたところを簡単にまとめておくならば，一人一人が自分自身に与えられた生のはらむ可能性を最大限に実現することを旨として生きるためには，次のような基本的資質・能力を含む【人間力】が不可欠となる。
　【人としての基本的な育ち】として，
　　　◆［強靭な主体性の確立］
　　　◆［他者への深い共感性］
　　　◆［本源的自己への立脚］を，その上で，
　【真に主体的人間として備えておくべき資質・能力】として，
　　　◆［広く深く合理的な知性］
　　　◆［打たれ強さと対処性］
　　　◆［自己への信頼と自信］
　　　◆［天命への絶対的信頼］
である。これらを子どもや若者一人一人に実現すべく，教育のあらゆる場面で努めていきたいものである。

**参考文献**

梶田叡一『〈現代っ子〉に人間教育を』ERP，2014

梶田叡一『人間教育のために—人間としての成長・成熟（Human Growth）を目指して—』金子書房，
2016

梶田叡一『〈いのち〉の教育のために—生命存在の理解を踏まえた真の自覚と共生を—』金子書房，
2018

特集◎人間力の育成──人間教育をどう進めるか

●

# 学校で人間力を育てる ということ

●

## 鎌田 首治朗○かまだ　しゅうじろう

はじめに

　新学習指導要領によって，人々の思考が「人間力」「人間性」「人格」という言葉の意味するものに向かって動き始めている。このことを歓迎したい。それは，教育を本質的にとらえようとすることにつながる重要なことだからである。最近では，「正解はない」という表現を目にすることも多くなった。認識のあり方についての大きな流れの転換とその意義を感じる。とはいえ，「正解はない」と述べることが最近の「正解」であるととらえている人がいないのか，実は少々心配でもある。これらの思考は，流行で行う質のものではなく，本質を考え抜こうとする行為でなければならない。したがってそれは，各人の体験，経験を基にした実感・納得・本音に根ざしたものでなければならない。

　「人間力」は，「人間性」や「人格」という言葉とほぼ同義のものとして使われることも多い。それが可能になる意味の幅や重なりが，これらの言葉にはある。

　「学校で育てるということ」を考えるためにも，まずはこの「人間力」について考える。「人間力とは何か」を考える向こうにこそ，それを「育てる」行

015

為のあり方が見えると考えるからである。

# 1　人間力とは何か

## 1.1　人間性から考える

　拙論（2019）「学校の授業を通じて人間性を涵養するということ」（『教育フォーラム』63号）では，「人間性」を他の動物の「性」とは異なるものとしてとらえるだけではなく，「教育が教育として考えるべき『人間性』」という視点から思考し，(1)基礎的能力等の獲得，(2)大切な価値の認識，(3)「人格の完成」の道を歩むために必要な価値志向，という3つの観点と，18からなる下部観点を試案として述べることに挑戦した。これを3つの観点と17観点に改良したものを以下に表1として示す。

表1　人間性を考える（鎌田，2019を基に作成）
人間性を考える試案──3つの観点と17観点（案）

| (1) 基礎的能力等の獲得 | | | | (2) 大切な価値の認識 | | | | | (3) 「人格の完成」を目指し，そのために求められる価値を志向 | | | | | | | |
|---|---|---|---|---|---|---|---|---|---|---|---|---|---|---|---|---|
| ① | ② | ③ | ④ | ⑤ | ⑥ | ⑦ | ⑧ | ⑨ | ⑩ | ⑪ | ⑫ | ⑬ | ⑭ | ⑮ | ⑯ | ⑰ |
| 自分のことは自分でできる。 | 感情をコントロールできる。 | 自分なりに考え，判断し，表現することができる。 | 自分に自信をもっている。 | 命の尊重 | 自己と他者を理解し，受容することの重要性 | 共存することの重要性 | 「真・善・美」「平和・人権」の重要性 | 現実を維持し改善することの重要性 | 「自分解」を探究すること〈解究〉の重要性 | 学ぶことの重要性 | 努力することの重要性 | 挑戦・失敗と学び・再挑戦の重要性 | 本質を思考し探究することの重要性 | 論理性・一貫性の重要性 | 直感・感性の重要性 | 自己内対話・自己発見・自己理解・自己受容・自己統制・自己探究の重要性 |

## 1.2　人間力で強調すべきこと……………………………………………………

　「人間力」を考える際には，「試案」の３つの観点と17観点が活用できる。その上で，いくつかの観点を強調しなければならない。現実に学習者が自分の人生を生きるためには，それらの観点が必要になるからである。

　それらの観点とは，表１の「⑥自己と他者を理解し，受容することの重要性」，「⑦共存することの重要性」，「⑨現実を維持し改善することの重要性」であり，「⑫努力することの重要性」，「⑬挑戦・失敗と学び・再挑戦の重要性」である。そして，⑰にある「自己統制」である。さらに，それらを包括する形で，拙稿（2019）では十分に述べられているとはいえない「協働の重要性」が⑵に新たに必要になる。

　「人間力」と表現した場合には，目の前に困難が存在していようとも「⑨現実を維持し改善」しようとする力が求められる。なぜなら人間の力とは，自然や難問にも怯むことなく働きかけ続け，それらを変革して現在の繁栄を実現してきた力ともいえるからである。そうであり続けるためには，「⑫努力」を止

表２　人間力を考える
人間力を考える試案——３つの観点と18観点（案）　鎌田

| (1) | | | | (2) | | | | | | (3) | | | | | | | |
|---|---|---|---|---|---|---|---|---|---|---|---|---|---|---|---|---|---|
| 基礎的能力等の獲得 | | | | 大切な価値の認識 | | | | | | 「人格の完成」を目指し，そのために求められる価値を志向 | | | | | | | |
| ① | ② | ③ | ④ | ⑤ | ⑥ | ⑦ | ⑧ | ⑨ | ⑩ | ⑪ | ⑫ | ⑬ | ⑭ | ⑮ | ⑯ | ⑰ | ⑱ |
| 自分のことは自分でできる。 | 感情をコントロールできる。 | 自分なりに考え、判断し、表現することができる。 | 自分に自信をもっている。 | 命の尊重 | 自己と他者を理解し、受容することの重要性 | 対立を乗り越え、共存することの重要性 | 「真・善・美」「平和・人権」の重要性 | 現実を維持し改善することの重要性 | 協働の重要性 | 「自分解」を探究すること（解究）の重要性 | 学ぶことの重要性 | 努力することの重要性 | 挑戦・失敗と学び・再挑戦の重要性 | 本質を思考し探究することの重要性 | 論理性・一貫性の重要性 | 直感・感性の重要性 | 自己内対話・自己発見・自己探究の重要性、自己統制・自己理解・自己受容・自 |

めない強さが求められる。それは，挑戦し，たとえ失敗を重ねてもそこから学ぶ「⑬挑戦・失敗と学び・再挑戦の重要性」のサイクルを諦めない強さのことであり，「粘り強さ」と「打たれ強さ」という２つの強さでもある。

　「協働」を加えなければならない理由は，「人間性」の「性」がもつ静的状態よりも，「力」がもつ動的，作用的な意味の強いものとして「人間力」をとらえているからである。そして，「現実を維持し改善する」ためには，一人だけではなし得ない課題，難問への挑戦が不可避になるという現実がある。特に，Society5.0 で表現されるこれからの社会においては，解決すべき問題の難しさは一層増し，チームとして挑戦する「協働」の意義が一層大きくなる。社会的問題への挑戦においては，おおよそこの「チーム」というワードが重要な鍵になる。このことは，すでに教育においても「チーム学校」という言葉が存在することからもわかる。ましてや，Society5.0 で表現されるこれからの社会においては，AI とビッグデータをもち，それらを活用するほんの一握りの人間と，それ以外の圧倒的多数のもたざる人間との対立は激化する。SNS等で散見される，安易に違いを対立にし，対立を決裂にする思考では，次の社会は崩壊するしか道がなくなる。求められる力には，協働することと共に「違いを対立にしない，対立を絶対に決裂にしない力」が強く求められる。そのためには，表２で示したように(2)に「⑩協働の重要性」を加え，対立を乗り越える重要性を「⑦対立を乗り越え，共存することの重要性」として反映させた上で，「⑥自己と他者を理解し，受容すること」と⑱の「自己統制」の必要性を強調しなければならない。時代の激しい変化は，「対話」や「他者理解」という言葉のもつ意義や意味合いに強く影響を与えていく。「違いを対立にしない，対立を絶対に決裂にしない」ためには粘り強い「対話」を続ける強さが今後は一層必要で，それは「自己と他者を理解し，受容」できていなければできるものではない。さらに，それは強い「自己統制」を必要とする。自分とは異なる価値観，言動の持ち主に対して，好き嫌いの感情に支配されたり，怒りや憎しみ，不安や恐れを抱いてしまったりしては，共存も「自己と他者を理解し，受容」することも，吹っ飛んでしまうからである。

## 1.3　協働の重要性

　これからの社会で現実に出会う難問には，個人だけの力で乗り越えることが困難なものが多々生まれる。個人の力を基にしながら，チームとして取り組んでこそ改善，改良が可能になるという難問である。この挑戦を通して，個人とチームがまた成長していくというサイクル，これを仮に「チーム・サイクル」と呼ぶならば，このサイクルの力がなければ，難問は難問のまま目の前にそびえ続けることになるだろう。この「チーム・サイクル」を支えるものが，チームの一員である個々人の「人間力」である。「現実を維持」するだけでなく「改善」していくためには，チームの一員である個々人の「人間力」が試される。現実世界で出会う難問は，チーム一丸となってその難問に取り組めるかどうかを問う。メンバー個々人のチームの一員としての自覚が，難問克服の鍵になる。このチームの一員としての高い自覚を，ここでは「リーダー意識」と呼ぶことにしよう。

## 1.4　リーダー意識

　強いチームには，すぐれたリーダーがいる。学校でいえば，そのリーダーは校長である。しかし，校長を支える教頭というリーダーがまた重要になる。さらに，教務主任や研究主任といったリーダーが必要であり，他にも学校には重要な主任が存在する。強い「チーム学校」は，これらのリーダーがすぐれている。

　しかし，本当に強いチームには，肩書きが主任でなくとも，チームのことを自分事で考えようとする，チームと共に成長していくメンバーの存在がある。肩書きの有無，年齢や経験にかかわらず，チームと共に自分があることを自覚し，チームが向き合っている現実的課題とチームのミッションを理解し，それを自分事で思考し，とらえているメンバーの存在である。そのメンバーには，野球で例えるなら，チームのために自分がアウトになってもバントし仲間を進塁させようとする精神があり，ヒットを打って塁に出た仲間の代走として塁に立てば勇気をもって次の塁に進もうとする姿勢があり，守備では外野に飛んだ

打球をカバーし合い，相手チームの進塁や加点を阻止する連携プレーを行おうとする力がある。肩書きの有無にかかわらず，リーダーと心を一つにし，現実的課題を何とかして乗り越えようとする意識がある。それが，リーダーからの指示を待っているだけではなく，チームのために自ら能動的主体的に考え，一歩も二歩も努力しようという姿を生む。強いチームには，この「リーダー意識」をもったメンバーがいる。

　「協働」には，メンバーの「リーダー意識」が求められる。この「リーダー意識」は，各人が示す「協働」の具体であると同時に，表2の「3つの観点と18観点（案）」の各人の到達点を総合的に映し出すものでもある。

## 1.5　リーダーの他者理解力，他者受容力······························

　チームは，初めからチームなのではない。その初めは，課題や乗り越えられずにいる，チームとはいえないバラバラな姿がある。この状態からチームを作る上で，リーダーの存在は決定的である。リーダー力やリーダー性を詳しく述べる紙面の余裕はないが，その中の他者理解力，他者受容力についてだけ述べる。

　個々バラバラな状態を，このままではいけないと認識できるかどうかは，その集団のリーダーが真にリーダーたり得る人物なのかという問題と直結している。リーダーには，人と人がチームにならなければならない理由，裏を返せば，チームになって目指すべき理念や大目標を指し示し，それをメンバーに納得させられる力，そして，ときにはチームのために，周りの反対を押し切っても断行する決断力，実行力が求められる。その力の根本に「他者理解力」があるかどうかは，その後のチームに大きな違いを生む。

　初めの「リーダー意識」など皆無の状態，次の，チームになりたてで「リーダー意識」が優れた人間の独占物になっているような状態，そしてその次の，チームらしくなってきたもののリーダーの絶対数がまだ不足している状態，さらにその次の，リーダーの絶対数はまだ十分とはいえないものの「リーダー意識」をもったメンバーが次々と現れ出すチームが本格的な前進を始めた状態

——チームの段階に応じて，求められる重要性が増していくのがリーダーの「他者理解力，他者受容力」である。

　前進すればするほど，チームのあり様にはリーダーの人間性が映る。チームは，リーダーの「他者理解力，他者受容力」によって狭くも広くも，貧しくも豊かにもなっていく。現実には，「他者受容力」の狭量なリーダーは，人を切り捨てることしかできなくなっていく危険性もある。リーダーが，自分とは異なる姿をもつ他者への理解力，受容力を広く深くもち，そのよさ，適所を見つけられないと，最終的なチームのあり方は歪（いびつ）になる。

　チームは，その時期その時期に限界をもつ極めて現実的な存在である。したがって，その時点のチームにはそぐわない人間もときに生まれてしまう。チームとその人とのミスマッチは，チームの発展段階によって生まれてしまうことがある。しかし，適材適所が見えないために簡単に人間を切り捨てる判断をしてしまうのは，リーダーの「他者理解力，他者受容力」の弱さの現れといえる。それでは，チーム・メンバーの心をやる気にさせることはできなくなり，人間を納得によって動かすことは難しくなり，そのリーダーの下では真のガバナンスが実現しなくなる。気づけばチームは，納得ではなく強制によって動く組織になってしまう。

　教師も，学習者を司り，個としてもチームとしても人間力を育てる役割をもったリーダーなのだといえる。

## 1.6　自己理解力

　しかし，他者理解は容易くできるものではない。自分の内面世界を理解すること自体がとてつもなく難しいのに，他者の内面を理解できていると考えることは，思い上がりや傲慢にも等しいものとなる。自己理解が不十分な自分が，他者理解ができると考えることは難しい。しかし，だからこそここに，理解の謎を解く鍵はある。自己理解のできていない自分に他者理解ができているはずがないとすれば，自分を理解できていれば他者の内面を理解することになるのかもしれない。つまり，理解の鍵は自己理解力にある。自分が自分を深く，大

事に理解しようとすることこそが，自らの他者理解力を上げる。「わかる」ためには，「わからない」ということが大事になり，「わからない」ことを見つめられる個人の前に「わかる」可能性が広がっていく。

## 2　学校で人間力を育てるためには

### 2.1　人間力を思考する向こうに問いがみえる……………………………………

　学校で人間力を育てるためには，表2で示した「3つの観点と18観点（案）」の向こうにあるものが，教師に求められる。例えば，3つの観点のうち，⑴は「基礎的能力等の獲得」であるが，その向こうには「教師は，学習者に人間力を育成できるだけの基礎的能力等を獲得できているか」という問いが存在することになる。同様に，「⑵大切な価値の認識」の向こうには「教師は，学習者に人間力を育成できるだけの大切な価値を認識しているか」という問いが存在し，「⑶『人格の完成』を目指し，そのために求められる価値を志向」の向こうには「教師は，学習者に人間力を育成できるほど自ら『人格の完成』を目指し，その実現のために求められる価値を志向しているか」という問いが存在する。

　これらを具体化して思考することが重要である。例えば「教師は，学習者に人間力を育成できるだけの基礎的能力等を獲得できているか」という問いを具体化すれば，「学習者に人間力を育成していると言えるだけの授業力が自身にあるか」という問いになるし，「人間力を育成できるだけの単元指導計画や年間計画を作成できているか」という問いにもなるし，「年間や6年間の学びの中で，人間力の育成につながる体験は計画できているか」という問いも重要になる。そして，それらの計画を遂行するにあたっては，学習者の実態や反応に合わせて計画と自分を適宜修正，変容させる力があるかどうかが問われる。

　このように問いを具体化することとともに，何があっても手放してはならない要になる価値について触れておきたい。それが，以下の2つである。

　1つは，⑥や⑱に登場する「自己理解」「他者理解」である。これまで述べ

てきたように，教師には自己理解を基にした，学習者を深く理解しようとする学習者理解の力がどうしても求められる。

　2つめに，学習者を理解しようとしたからこそ，この教え子には何があっても必ずこの力を伸ばしていきたいという教師の本気，本音としての決意と覚悟が求められる。教師にこの本気や決意，覚悟があってこそ，学習者の意欲は引き出されることになる。

　この2つが揃わない限り，教師が学習者の人間力を育てる絵は，なかなか描けない。そこで，残りの紙面の許す限り，1つめについてさらに述べてみる。

## 2.2　学習（修）者理解の見落とし

　日本の教師は，問題や事情を抱えた子どものことを懸命に理解しようとする。しかし，優秀だと評価されている子どもの苦しさを見落としてしまうことがある。この子たちの苦しさに気が付ける教師は，優秀である。

　しかし，そんな優秀な教師であっても，見落としは起こる。それが，問題を抱えているわけでもない，優秀だと思われているわけでもない，世間が簡単に「普通の子」と呼んでしまう多くの子どもたちのことである。この子たちは，学校と教師の話を素直に聞き，約束を守ろうとし，健気に頑張っている。だから，教師は逆に安心してしまう。そして，その子どもの奥にある声を聞こうとしなくなる。そこには，もちろん教師の多忙化も影響している。

　「先生，僕は今日も頑張ったよ。でも先生は，今日も僕に声をかけてくれなかったね」――本来は，こういう思いをする子どもを生み出してはならない。これらの見落としが起きる原因は，どこにあるのだろうか。決して忙しさだけが原因ではない。そこには，苦しさが特定の子どもにだけに存在する特別なものだという認識の問題がある。苦しさは，本来自分も含めた全ての人の心の中にある。

## 2.3　司（つかさ）

　そもそも，他者理解は難しい。見落としたくて見落とすのではない。本質的

に重要なものに対して思い至らないことが自己の陥穽を生む。そう考えれば，自分を振り返ることの意味は増す。

　ある学生からこんな質問をもらったことがある。

　「児童生徒理解の重要性はわかります。そのために自己理解が求められることも何とかわかります。しかし，具体的には何をどうしたらいいのですか？何を理解しようとすればいいのでしょうか？」

　自分事で他者理解のことを考えるからこそ生まれる切実な質問だと感じた。そして，教師なら「学習者理解ができるようになりたい」と切実に考えるはずである。この思いに，少しではあっても応えたい。そう考えて，自分の体験を通して自分が生み出した言葉を贈りたい。それが，「司（つかさ）」である。

　教師は，学習者を司っている。だからこそ教師は，学習者の心の中にある「司（つかさ）」を理解しようと努めよう。

　「つ」とは，辛（つら）さのことである。「か」とは，悲しさのことである。「さ」とは，寂しさのことである。

　この「つ・か・さ」にあたるものが，一人ひとりにとっては何なのかを理解しようと考えてみる。すると，何かが見えてくるはずである。この「つ・か・さ」は，特定の学習者だけに存在するものではない。だからこそ，自分自身の「つ・か・さ」をていねいに，優しく見つめられているかを振り返りたい。都合の悪い不格好な自分は，誰にでもある。だから決して，自分で自分をいじめてはならない。弱くて，ずるくて，狭量な自分の奥に，大切な人への大きな愛が存在していることもある。大事に自問自答を行いたい。そのことがまた，教師の学習者理解を深くするはずである。

## 2.4　重要なものは，教師の人間力……………………………………………

　人間力の育成は，机上の学習だけで足りるものではない。座って話を聞いているだけで育つものではない。個人が，自分の頭，心，全身を使って挑戦し，自分の心が動いて納得できる瞬間がなければ磨かれないものである。人間力は，学習者が自分に挑戦する体験を重ねる中で伸びていくものである。

　このとき，学習者の自己挑戦体験に即した教師の関わりが重要になる。教師が，学習者とその文脈に合った適切で的確な指導助言，励ましを行い，学習者と対話し，傾聴していてこそ，学習者の挑戦は学びになっていく。挑戦にはつきものの失敗，その中にある成功の芽，絶望の中にある希望の芽は，その芽を見つけ出せる教師が存在しないと学習者にはわかりにくいものでもある。このことを認識している教師でなかったり，教師がその芽を見つけられなかったりすると，大事な挑戦が本人にはただの失敗にしか見えなかったり，そのために絶望と後悔の中を徒に漂流し，大切な時間を失ったりしてしまうことにもなりかねない。

　この点で，学習者の人間力の育成において最も重要な要素は，教師の人間力である。それは，教師の学習者理解を含めた解釈力，ものの見方，哲学の重要性を意味している。「教師は，学習者に人間力を育成できるほど自ら『人格の完成』を目指し，その実現のために求められる価値を志向しているか」という問いの重要性が，ここでも一層際立つ。

**参考文献**

鎌田首治朗「学校の授業を通じて人間性を涵養するということ」梶田叡一責任編集・日本人間教育学会編『教育フォーラム62号　人生や社会をよりよく生きる力の涵養を―新学習指導要領が最終的に目指すもの』金子書房，2018

梶田叡一責任編集・日本人間教育学会編『教育フォーラム63号　人間性の涵養――新学習指導要領の究極的な目標は』金子書房，2019

梶田叡一責任編集・日本人間教育学会編『教育フォーラム64号　学びに向かう力――学習活動を支える情意的基盤を』金子書房，2019

特集◎人間力の育成──人間教育をどう進めるか

●

# 名著・古典との出会いを通じて人間力を

●

湯峯　裕○ゆみね　ひろし

## はじめに

　「人間力」も「人間教育」もともに定義の難しい言葉である。もう古くなってしまったものの,「人間力」については,2003（平成15）年に内閣府から「社会を構成し運営するとともに,自立した一人の人間として力強く生きていくための総合的な力」（内閣府人間力戦略研究会,2003, p.4）として示されて,様々に引用されてきた。そこには,個人の問題にとどまらず社会を支える力としての「職業生活」の側面,社会の一員として社会的問題や政治的問題,地域の問題に関わって支えていく「市民生活」の側面,自らの知識・教養を深め文化的活動に関わって支えていく「文化生活」の側面の3つの観点が挙げられている。一方で,「人間教育」について,梶田は,学力保障と成長保障の両全を目指した教育の中で,社会や周りの人との関わりの中にある「外的自己」と自分なりの実感や納得や本音とともにある「内的自己」の総合をはかれるようにと,「人間としての成長を,自分自身の責任において,自分なりに一歩一歩実現していこう,という姿勢を持った子どもや若者が一人でも多く育ってほしい,というのが,われわれの考える人間教育の願いです。」（梶田,2014, p.226）

と語っている。

　これらから考えると，「人間力の育成—人間教育」とは，以下の３点の力の育成を軸として考えることができる。すなわち，①自分はこう生きていくのだといった強い自我を持ち，主体性の確立した生き方を追求していける力。②それが利己的にならないよう他者の自我・主体性も尊重でき，多様性に対する深い受容性を持った力。③その二つの側面を保持することで，社会の中での自分の役割を自覚してそれを受け止め，偏りのない判断と行動の選択ができる力。この３点である。

　本稿では，その力を名著・古典を通じてどう育成していくのかについて考察するが，古典といっても古今東西その範囲は広いので，ここでは日本の文化の基調をなしている漢文学特に紙幅の都合で『論語』に絞って考察していく。

## 1　漢文学と日本文化

　中国の文化特に書籍文化は，他の言語の文化が主に翻訳という形で日本語になって受容されたのに対して，歴史の中でそれとは違った形で日本に紹介されてきた。すなわち，中国語の表記を基本として，それを日本語として読み解ける漢文という形で日本文化の中に吸収されていった。中国文学とせず漢文学としたのはそのためである。言葉の上では現代でもこの漢文の読み解きすなわち訓読が，故事成語などとして習俗・文化の中に数多く息づいている。漢文学は日本の文化を形成する一つの重要な要素と考えてよい。

　小説家だけでなく英文学者という肩書きも冠せられる夏目漱石は，漢学の私塾である二松學舍（現在の二松學舍大学）に１年間学んでおり，『吾輩は猫である』をはじめとして，彼の作品には漢文調の表現がしばしば見られる。『万葉集』や『枕草子』『源氏物語』をはじめとして日本の文学に漢文学が与えた影響は計り知れず，日本文化の基盤をなしている。高等学校国語科の古典では日本の古文とともに主に中国の漢文を学習することになっているが，漢文の学習は残念ながらごく限られているのが現状である。大学入試において国公立

大学は別にして私立大学で漢文を課すところは少数であり，その影響が大きい。グローバル化が進む中で日本の文化を学ぶ意味は大きく，高大接続改革で高校教育が変わろうとしている現在，漢文教育についても見直しが進んで欲しい。

　漢文学の中でも『論語』は早くから日本に伝えられたようで，特に江戸時代以降は儒教及び儒学として，幕府の庇護の下に国を治める根源の思想としてあるいは社会の道徳的規範として広く読まれてきた。ただし，これは中国南宋の朱子（朱熹）の考えが色濃く反映されたものであり，『論語』本来に伝えられてきた孔子の思想の原型そのものではないと考えられる。『論語』といえば特に昭和20年代以降は堅苦しい規範を述べるものとしての扱いが多く見られた。それは朱子による朱子学としての『論語』であり，本来の孔子の姿のものではない。孔子は，自分の生き方を常に問い続けて生きてきた人であり，自分の理想を何とかして世の中で実現させたいと努力し続けた人である。弟子たちとの会話の中に非常に優しい弟子思いの心も見せている。『論語』にはそんな姿がある。

　聖人として崇められている孔子は，紀元前552年に生まれ前479年に没したとされる春秋時代の魯の国の人である。『論語』は孔子自身の著によるものではなく，弟子や孫弟子その他の人々によって語り継がれたものが書き留められ，ほぼ今の形に整えられたのは後漢の時代になる。もともと『礼記』の中の一編であったのを『大学』と『中庸』として取り出して独立させて，『論語』と『孟子』と合わせて「四書」としたのは朱子であり，以降はそれまでの「五経」をしのぐ扱いとなる。しかし，朱子の色が染み込んだ『論語』が読み継がれることになる。日本でも江戸時代には幕府に庇護される官学となって広まっていく。庶民の教育機関である寺子屋でも，寺子屋版の『論語』が読まれている。一方で，本来の『論語』に返ろうとする伊藤仁斎や荻生徂徠などの研究もあり，それが清朝に逆輸入されたこともあるようである。

　中学校や高等学校の国語教科書ではほぼ間違いなく取り上げられている『論語』であるが，孔子の言葉として読むのではなく，教訓的に読まれている傾向もなくはない。そうではなく，孔子の生きた言葉とその姿を伝えるものとして

『論語』を見直し，その読み方を授業に生かすことで，人間孔子の姿から学ぶ「人間力の育成」を考えていく。

## 2　弟子思いの孔子

　孔子には数多くの弟子がいたようであるが，『論語』その他によると，その中で特に子路（由），子貢（賜），顔淵（回）の3人を頼りにしていたようだ。50歳代半ばに魯の国を出て15年にもわたる諸国歴訪をする時には，3人がしっかりと孔子を支えていたようである。この3人をはじめとして，孔子はよく弟子の人柄を言い当てている。また，その会話を楽しんでもいるようである。人を愛する孔子の心の現れであり，人間孔子がよく見えるところなのであるが，残念ながらあまり教科書には収録されていない。

　　子曰く，回や其れ庶からんか。屢々空し。賜は命を受けずして貨殖す。億れば則ち屢々中る。（「先進第十一」吉田，1960，p.245）

　「顔回は理想に近いが，いつも貧窮している。子貢は天命をそのまま受けないで財産を増やした。予想したことはよく当たる」。二人の対照を言い表している。孔子はそのどちらにも自分の姿を重ねているのだろう。

　　子曰く，道行われず，桴に乗りて海に浮かばん。我に従う者は，其れ由かと。子路之を聞きて喜ぶ。子曰く，由や，勇を好むこと我に過ぎたり。材を取る所無しと。（「公冶長第五」吉田，1960，p.108）

　さすがの孔子も疲れきって嘆くこともあったようだ。「筏に乗って大海に漕ぎだしたい気分だ。それについてきてくれるのは子路くらいかな」。それを聞いた子路は喜ぶのだが，勇気は私以上にあるのだが一体どこでその筏の材料を集めてくるのだと，行動は人一倍迅速だが思考の緻密さに欠ける彼の弱点をずばりと言っている。先生と弟子の和やかなやりとりである。

　　閔氏，側に侍す，誾誾如たり。子路行行如たり。冉有・子貢侃侃如たり。子楽しむ。由の若きは其の死を得ざるがごとく然り。（「先進第十」吉田，1960，p.241）

中正な様子（誾誾如），剛強な様子（行行如），和らいでいる様子（侃侃如），その中で孔子は楽しそうにいる。しかし，孔子はやはりそんな性格の子路の行く末が気がかりである。普通の死に方はできないだろうという言葉はやがてそのとおりになる。

　　顔淵死す。子曰く，噫，天予を喪ぼせり，天予を喪ぼせりと。

　　顔淵死す。子之を哭して慟す。従者曰く，子慟せりと。曰く，慟する有るか。夫の人の為に慟するに非ずして，誰が為にかせんと。（「先進第十一」吉田，1960，p.238）

　顔淵の死については「先進第十一」では続けて書かれている。子路や子貢といった実務派と違って顔淵は実務の優れた人ではなかったが，孔子の話をしっかりと受け止めてくれて精神的な安定を与えてくれる，誰よりも信頼のおける弟子であった。それゆえに，彼の死の痛手は計り知れないものがある。「哭」は大声をあげて泣くことでこれは礼に叶うが，「慟」は体を震わせて泣くことで礼を外れる。それくらい孔子の悲嘆は大きかった。心の底から悲しんでおり，それが「天予を喪ぼせり」の繰り返しとなった。

　ここまで見て来たように，孔子はけっして教訓を垂れるばかりの人ではなかった。弟子の能力をしっかりと見極め，弟子たちとの交流の中で，くつろいで冗談を言ったり，諸国歴訪のつらさに愚痴をこぼしたり，弟子が亡くなった時にはその悲しみを全身で表したりした。そんな姿を生徒たちに紹介すれば，もっと身近な存在として感じ取り，その他のところでも読み方が変わってくる。

## 3　孔子の礼楽

　孔子の父は，早くに亡くなっており，世襲のはっきりしている当時では孔子の出世は望めそうにない。白川によると母は祈祷師のような身分であったようだ（白川，2003，p.19 - 21）。これを加地は「原儒」（儒教に体系化される前の土着的な宗教集団）としている（加地，2016，p.46）。宗教的文化の中で礼楽を身につけていったのではないだろうか。ただ，それを身につけるだけでは，土

着の習慣からは抜け出せない。ここに孔子の「主体的な学び」の姿勢が生まれる。孔子の字である仲尼の「仲」が示すように，少なくとも兄はいたようだ。「先進第十一」に「兄之子」の文字が見える。ただ，父亡き後は年若であっても体が大きく力があった孔子が一家を支えざるを得なかったようだ。これが孔子の自立心を高めたのであろう。片田舎でどんな学びをしたのかは分からないが，やがて彼の英才は評判になっていく。『史記』「孔子世家第十七」では魯の高官に17歳の彼のことを「聖人の後（後裔）」（吉田，1982，p.801）と言わせている。真偽は分からないがそれなりの評判はあったのだろう。

　当事の周王朝はかつての繁栄はないが，それでも華やかさは格別である。30歳頃の孔子はそこに向かう。周の立派さに心を打たれて（「八佾第三」）いよいよ国を支える礼楽の学びへと進んでいく。孔子の学びは真摯で積極的でありかつ謙虚である。

　　子大廟に入りて事毎に問う。或る人曰く，孰か鄹人の子を礼を知れりと

　　謂うか。大廟に入りて事毎に問うと。子之を聞きて曰く，是れ礼なりと。

　（「八佾第三」吉田，1960，p.75）

解釈が一つではない箇所ではあるが，これは孔子がまだ若い時，周へ行く前の話なのだろう。魯の都にやって来て周公旦の大廟での祭祀の時，鄹人（鄹からやって来た田舎者）と笑われようと，礼の分からないことを一つひとつ尋ねた。確かなものにするために知らないことは一つ残さずに聞くこと，孔子はそれこそが礼であると言った。後代の注釈書でも「是礼也」は意味の重いものとして取り上げられている。分からないことは歳や地位の上下に関係なく誰にでも尋ねて，自分の知っていることを確かなものにする。知らないこと，分からないことをはっきりと知って，不明のままにおかない。これは孔子の姿勢でもある。さらに学びを深めるために周の都に行ったのはこの後であろう。周から魯へ戻った後，職を求めて今度は隣の大国である斉へ向かう。その時の話であろう。

　　子，斉に在りて，韶を聞くこと三月。肉の味を知らず。曰く，図らざりき，

　　楽を為ることの斯に至らんとは。（「述而第七」吉田，1960，p.160）

　これまで知らなかった音楽を学ぶことによって，その楽調の素晴らしさに感激して食事の味わいを忘れてしまったと解釈されているが，加地（2016，p.112）は食事を忘れるほど学びに没頭したとしている。その方が孔子らしい気がする。礼とは天と地の秩序を形に表したものであり，天に守られた安堵感がある。煩雑ではあるかもしれないが決して堅苦しく息苦しいものではない。その調和を表現するのが楽であり，礼と楽は一体のものである。孔子はこよなく楽を好んだようである。

　　子，人と歌いて善ければ，必ず之を反さしめて，而る後に之に和す。（「述
　　而第七」吉田，1960，p.174）

　楽器でも声楽でも孔子の音楽的才能はかなりのものだったようだ。素晴らしい歌を聞くと，自分が歌うのをやめて繰り返し聞かせてもらい，次にそれに合わせて歌った。うっとりとした孔子の姿が浮かんでくる。

　　子貢曰く，貧しくして諂うこと無く，富みて驕ること無きは，何如と。子
　　曰く，可なり。未だ貧しくして楽しみ，富みて礼を好む者には若かざるな
　　りと。（「学而第一」吉田，1960，p.33）

　ここは，教訓として『論語』を読むと悲壮な修行と誤解されてしまう箇所であるが，厳しい学びの先に常に楽しみを見出している穏やかな孔子の姿勢を読み取りたい。

　斉での仕官の道は重臣の反対によって開けなかった。彼は常に国家を治めるための理想の実現を求めて諦めなかった。魯の国に戻って一大学徒集団を作る。そして50歳を過ぎていよいよ魯の国君の定公に呼ばれる。

　　三月にして，羔豚を粥ぐ者，賈を飾らず，男女行く者，塗を別にし，塗，
　　遺ちたるを拾わず。（吉田，1982，p.824）

　「三か月もすると，子羊や豚を売る者は値段をむやみに上げたりもせず，男女は別々の道を行くようになり，道に落とし物があっても黙って拾ってごまかしたりするようなことはなくなった」。この記事も真偽は分からないが，孔子が国君に取り立てられると国は安定した。しかし，権力争いの厳しい世界ではその地位も長くは続かなかった。その後，長い諸国歴訪の旅に出る。苦難続き

だったと思われるが，それゆえにこそ弟子たちとの心の交流がある。

　　子曰く，由の瑟を鼓する，奚為れぞ丘の門に於いてせんと。門人子路を
　　敬せず。子曰く，由や堂に升れり，未だ室に入らざるなりと。(「先進第
　　十一」吉田，1960，p.242)

　私のところで奏でるようなものでないと子路の楽を批評したのだが，他の弟
子たちが子路をないがしろにするので，すでに完成の域までは達してはいるが
その奥が足りないだけなのだと慌てて弁護している。旅の時のことかどうかは
分からないが，こういったやりとりが旅の中で続いたであろうと思われる。孔
子は聖人ではあるが人間味のある親しみも持っているのだ。

## 4　孔子が追い求めた理想

　教科書によく取り上げられる言葉を，こうした人間孔子が語るものとして読
んでいった時，そこには人としての温もりのあるものが伝わってくるのである。
その温もりを読み取ることで生徒たちは，人が生きることの意味を受け止めて
いく。

　　子曰く，学びて時に之を習う，亦説ばしからずや。朋，遠方より来たる有
　　り，亦楽しからずや。人知らずして慍みず。亦君子ならずや。(「学而第
　　一」吉田，1960，p.15)

「学（學）」は真似をすることによって納得して身につけていくこと。「習」
は繰り返し口にすることで学びを確かなものとすること。「説」はわだかまり
が取れて心の底から楽しく思うこと。ここまでは一人でもできる。「楽」は楽
器を奏でる楽しみで，一人ではできず友という他者があってこそのものである。
「慍」は皿に盛られた温かな煮物のように不平で熱くなること。だから，「不
慍」は諦めているのではなく怒りをそのまま外に出さないだけのことである。
諦めには成長がない。不平や怒りを表す態度は「中庸」に反する。

　　子曰く，巧言令色，鮮いかな仁。(「学而第一」吉田，1960，p.19)

　人口に膾炙する言葉。「仁」とは人と人との間に通いあう慈しみ親しみの心。

孟子は「惻隠の情」と合わせて語っている（貝塚，1966, p.439-p.440）。「鮮矣仁」は「仁鮮矣」の倒置であり，「矣」は本来は文末に置いて強い語気を表す擬声語である。ここに孔子の強い嘆きが出ている。孔子は別に「剛毅朴訥は仁に近し」とも言っている（「子路第十三」）が，『論語』は後半の巻になると注意が必要で，これは孔子オリジナルの言葉ではないかもしれない。

> 子曰く，参や，吾が道は一以て之を貫くと。曾子曰く，唯と。子出づ。門
> 人問いて曰く，何の謂ぞやと。曾子曰く，夫子の道は，忠恕のみと。（「里
> 仁第四」吉田，1960, p.96）

参とは曾子のこと。孔子の思いの忠実な後継者である。孔子の道を貫いている一つとは「忠恕」。「忠」とは中にあって偏らない心で，己を常に省みて誠実に天命に従い自分自身の生き方を追求する心。「恕」とはしなやかに思いやる心で，誰にも偏りなく振り向ける私情を超えた思いやり。厳しい自己を内に確かに持ちつつ，その自己を外には柔軟に発揮する。これが行動となって現れてくるのが「仁」である。曾子はそれを「吾道一以貫之」の一言で理解した。

そんな「仁」であるがゆえに極端な言動は表には出てこない。それが「中庸」。金谷は「中庸が両端の中であることとともに，それが一直線上の一点といったものでなくて，包容性と融通性を備えた構造的なものである」（金谷，1998, p.150）と明確に指摘している。そんな外的自己に対して孔子の内的自己には厳しいものがある。それが余って，礼を遵守できない者に対する厳しい批判の言動がある。礼によって天と一体となって天に守られることの平安を乱すものへの怒りである。あるいは孔子の思いを理解できない弟子に対する厳しい叱咤となることもある。真剣に自分自身に向かえないことに対するもどかしさである。一見「中庸」と矛盾するようではあるが，自分の生き方を忠実に守ろうとするあふれ出んばかりの心情の発露である。人間孔子の姿である。

## 5　さいごに

孔子は自分はこうありたい，こうあるべきだという信念をしっかりと持って

自分の生き方を追求した人である。かつ隠者としてではなく，その考えを社会に実現して「道」のある平和な社会を実現しようとした。挫折もたくさんあった。自分が納得する生き方を追求する内的自己と，その自分を社会の中で発揮できる外的自己を追求し続けたのである。人を愛する心も人一倍あった。そんな孔子の生きた姿に，自分の在り方と比べて向き合った教師が，教師自身の言葉で孔子を語る。その上で，そんな孔子と，そして目の前の教師と，生徒が対話すること。その先に「人間力の育成」あるいは「人間教育」の実現の道があると考える。

**参考文献**

荒木見悟責任編集『世界の名著続4 朱子 王陽明』中央公論社，1974

貝塚茂樹『論語 現代に生きる中国の知恵』講談社，1964

貝塚茂樹責任編集『世界の名著3 孔子 孟子』中央公論社，1966

加地伸行『孔子』KADOKAWA，2016

加地伸行『「論語」を読む』講談社，1984

加地伸行・宇佐美一博・湯浅邦弘『鑑賞中国の古典2 論語』角川書店，1987

梶田叡一『真の自立を育む―内面性の人間教育を』ERP，2014

金谷治訳注『大学・中庸』岩波書店，1998

武者小路実篤『論語私感』芳賀書店，1966

内閣府人間力戦略研究会「人間力戦略研究会報告書」2003

司馬遷 大木康訳・解説『現代語訳 史記』筑摩書房，2011

白川静『孔子伝』中央公論新社，2003

竹内実『さまよえる孔子、よみがえる論語』朝日新聞出版，2011

吉川幸次郎『中国の知恵―孔子について』筑摩書房，2012

吉田賢抗『新釈漢文大系1 論語』明治書院，1960

吉田賢抗『新釈漢文大系87 史記七（世家下）』明治書院，1982

書き下し文は旧字体を改めて（吉田，1960）に拠る。訳は（小川・本田，1987）を参考に筆者による。

特集◎人間力の育成──人間教育をどう進めるか

●
# 自分の言葉で仲間と関わり合う「対話力」

人として生きる「人間力」

●
## 二瓶 弘行○にへい　ひろゆき

## 1　「対話」──自らの「読み」を仲間と伝え合うこと

　国語の授業。その学びで子どもたちに育む「言葉の力」は，彼らが，一人の人として，自分らしく人生を「生きる力」，すなわち「人間力」の根幹。

　小学校国語教室では，そんな「言葉の力」を育成するために，「読むこと」「書くこと」「聞く・話す」領域において，日々の授業を展開している。

　本稿では，物語を中心とした文学作品を読むことの授業に焦点化して，今，求められる，きわめて重要な「対話力」の育成について述べていきたい。

　文学作品を読むことは，本来，ごく個人的な行為である。40人の子どもがいれば，40の固有の「人生」があり，価値観がある。文学作品に描かれた言葉から場面をイメージし，事件展開を追い，作中人物に同化し，また客観視しながら，自らの作品世界を創造する。そして，その「読み」の過程で様々な思いを抱く。時には，自らの人生観・価値観を揺すられるような感動を体験する。だ

からこそ，文学作品は面白い。文学作品を読むことには，人の生きる日々において，すこぶる意義はある。

　文学作品を読む行為とは，本来，ごく個人的なものだと，だから思う。

　けれども，国語教室には，ともに文学作品を読み合う「仲間」が存在する。その当たり前の事実をあらためて考えてみよう。

　文学作品を学習材にして展開される授業は，相当な時数に及ぶ。教科書の単元配当からしても，総時数の３割は下るまい。

　研究授業として提案される場合でも，文学作品に関わるものがとても多い。実際，年間に数十の国語授業を参観させてもらうが，その半数近くが文学作品を学習材とした提案授業である。そして，その多くの授業が「話し合い・読みの交流」の学習活動をメインにした展開をとる。

　この「話し合い」活動によって，何をねらうのか。それこそが，本来個人的なものであるはずの文学作品の読みの行為を，集団で扱う意義である。

　言葉を検討しながら想像した自らの作品世界を同じ教室空間でともに学び合う仲間に伝える。また，仲間の作品世界を受け取る。そうした伝え合いの過程で，自らの読みの確かさを実感したり，反対に，自らの読みの曖昧さに気付いたりする。また，自分とはまったく異なる読みの存在に驚き，文学作品の読みの多様性を認識する。仲間の読みを知ることによって，あらためて読み直し，まったく違う読みに至る場合もあろう。

　ともに読み合う仲間の存在こそが，文学作品を読む面白さを再確認させてくれるのである。もっと言えば，文学作品の国語教室の醍醐味は，この仲間との「読みの交流」にこそある。

　私には，小学校国語教師として追い続けてきた，「夢」の集団がある。

　そのクラスでは，誰もが話したくてたまらない。ある話題について，自分の思いを言葉で表現しようと，適切な言葉を探すことに必死になる。思いを託せる言葉を持てたら，仲間に伝えようと懸命に挙手する。

　そのクラスでは，誰もが仲間の考えを受け取りたくてたまらない。ある

> 話題について、仲間はどう考えるのか、自分の抱く思いと同じなのか違う
> のか、知りたくて仕方がない。だから、仲間の発する言葉に必死に耳を傾
> ける。
>
> 　そのクラスでは、言葉を媒介にして、思いを伝え合うことの重さを誰も
> が知っている。言葉は「自分らしさ」を仲間に伝え、仲間の「その人らし
> さ」を受け取る重要な手段であることを学級集団全員が「価値」として共
> 有している。
>
> 　そのクラスでは、言葉が生き生きと、静かに躍動している。

　この学級集団の実現のために、文学作品の「仲間との読みの交流」は、きっ
と大きな意義をもつと確信する。

　だからこそ、私の国語教室でも「話し合い」を重視してきた。毎年繰り返さ
れる公開研究授業でも、あえて「読みの集団交流」を組み入れた。

## 2　文学作品の「美しい授業」

　新美南吉の『ごんぎつね』の授業。クライマックスとなる第6場面を扱う。
私が本時の中心課題を提示する。

　「兵十の『ごん、おまえだったのか』という言葉にうなずく、ごんの気持
　ちを想像しよう」

　この中心課題に対する各々の読みを、まずまとめさせる。一人読みの時間を
保障するのだ。子どもたちは、ノートを開き、これまでの学習をもとにして、
自分なりの考えを整理しようとする。

　私が指示する。「それでは、自分の読みを発表してもらいます。」

　子どもたちが勢いよく手を挙げる。私がその中の一人を指名する。その子は、
自分の読みを自信に満ちた表情で話し始める。

　「ごんは、きっと嬉しかったと思います。前の5場面で、兵十と加助の
　会話を聞いて、ごんは『つまらないな』と思っています。自分が栗や松茸

を持っていっているということに気付いてほしかったんです。そのことが，やっと兵十に分かってもらえた。それに……。」

　私は，その子の意見をその子の目を見ながら，聞く。「おまえの精一杯の意見発表を私は一言ももらさずに聞いているよ」という姿勢で，頷きながら，微笑みながら，相づちをうちながら，真剣な眼差しで，聞く。

　そして，その子が話し終わると，私は大きく首を振って頷きながら，黒板に，意見の要点を書く。

　その後，私は子どもたちに続けて意見発表を促す。また，パッと手が挙がる。その中から一人を指名する。その子は，すっと立って話し始める。

　「Aさんの意見と違って，僕はごんは悲しかったのだと思う。『ごんは，ぐったりと目をつぶったまま，うなずきました』とあるでしょ。書いてはいないけど，銃で撃たれたごんは，もう命が尽きる直前だった。兵十に事実を分かってもらえたことは，みんなが言ったように嬉しかったかもしれない。けれども，やっと分かってもらえたのに死んでいかなければならないなんて，きっとごんは悲しかった。ごんは，涙を浮かべながらうなずいたんだと，僕は思います。」

　私は，またその子の意見をしっかりと聞き，黒板に，「うれしかった」という意見の横に，「悲しかった」と新しく書き加える。

　子どもたちは自分の意見を次々と述べる。私は，彼らの意見の異同を聞き取り，黒板に書き加えていく。多様な読みでいつしか黒板はいっぱいになる。

　私は，こんな流れの学習活動を「美しい授業」だと思っていた。

　今，自分に自身に問いかけてみる。

　一体，この1時間の授業で，何人の子どもたちが自分の読みを話したのか。

　一体，子どもたちは自分の読みを誰に伝えたくて話したのか。


## 3　話す力は，話すことによってのみ獲得される


　クラスには，35人の子どもたちがいる。この「美しい授業」の間，半数の子

どもたちは，一言も自分の読みを話していない。いや，半数どころではない。３分の２の子どもが，音声言語で自らの意見を表出していない。それでも，話し合いの学習活動は表面的には十分に成立する。鋭い読みが出され，黒板は多様な読みで埋まる。美しく授業は流れる。

　子どもは，実際に自分の音声言語で表現する過程で，自分の意見・読みを確かなものにしていく。大人でもそうだ。心の中の漠然とした思いが，表現する過程でだんだんと明確になる。話すこと，誰かに思いを伝えるために言葉を選びながら，言い直しながら話すこと，それ自体にすこぶる意義がある。

　ところが，「美しい授業」はその重要な学習活動をクラスすべての子どもたちに保障していない。35人のうち，20人に保障していない。

　以前，国語授業の「話し合い」に関わる，次のような言を聞いたことがある。「発言しない子でも，聞くことによって確かに話し合いに参加している。」ひどい「逃げ口上」だと，今は思う。

　話す力は，話すこと，それ自体によって獲得されるのだ。

　他の教科の学習活動に置き換えて考えてみればいい。水泳の苦手な子が，プールサイドで仲間の上手な泳ぎをいくら見学しても，泳げるようにはならない。水の中に入って，水を飲みながらもがく体験を通して泳ぎを覚える。リコーダーは実際に吹くことによってしか，吹けるようにならない。未熟ながらも音を出し，何か変な音だなと吹き直してみる，そんな試行錯誤の過程で技術を獲得する。泳がないで，吹かないで，話さないで，決してその力はつかない。

　今ひとつ，「美しい授業」のもつ，危惧すべき本質がある。

　話し合いの活動で，自分の意見を話した子は，その話す喜びを体感する。教師がしっかりと聞いてくれ，その話を受け止め，要点を整理してくれる。その体験を通して，その子はますます話すことが好きになるだろう。次の機会があれば，また積極的に手を挙げ，発言を自ら求めようとするだろう。

　一方，話さずに終わってしまった子は，話すことからますます遠ざかる。自分の思いを音声言語で表現することに自信を持てず，手を挙げることに躊躇す

る。それでも、「美しい授業」は流れていき、そのうち終了のチャイムが鳴る。

　そうした「話し合い」活動の積み重ねの末、きっと、ある子がつぶやく。

　「このクラスでいつでも積極的に意見を言う人は決まっている。あの子とあの子はそういう役目。私は、そんな役目の『ひと』じゃない。」

　「美しい授業」はそんな子どもたちをつくってはいないか。

　高学年になればなるほど、子どもは自分の考えを積極的に発言しないと、よく言われる。そして、それは思春期を迎える彼らには、成長段階から言ってある意味、仕方がないことなのだと。

　違うのではないかと思う。そういう状況に子どもを追い込んでいるのは、「美しい授業」を求める教師自身ではないか、自戒を込めてそう強く思う。

## 4　話すことは、仲間に自分を伝えること

　教師に指名された、ある子が自分の読みを黒板の前に立っている教師に向かって、一生懸命に話している。教師もまた、その子の目を見ながら、何を言おうとしているのか、その発言の内容を聞き取ろうと懸命である。

　その子の話が終わると、教師は簡単にその子の話の要点を整理する。そして、必要に応じて黒板に書く。その後、また全員に挙手を促し、その中から次の子を指名し、同様なことを繰り返す。

　よく見る、典型的な「話し合い」の場面である。

　発言しているこの子は、一体、誰に向かって自分の読みを話そうとしているのか。教師である。前に立ってしっかりと聞こうとしてくれている教師に自分の読みを伝えようと、言葉を選び、分かってもらおうと懸命に話をしている。

　その子の目を見れば、それは分かる。誰かに何かを伝えようとするとき、子どもは（「人」は）、目にその思いを表す。聞いて欲しい、分かって欲しいという強い意志を目に込める。

　話したくもないのに、指名され仕方なしに話している子の目力（めぢから）は弱い。その子は、聞いてくれる相手が存在せず、まるで独り言を言っているかのように、

視線を下に落としながら話す。あるいは，自分のノートに書いてあることをただそのまま読むことで，発言に代える。そこには，誰かに自分の考えを聞いてもらいたいという，相手意識はほとんどない。

　この「目力」は，話を聞く子どもたちにも同様のことが言える。

　仲間が懸命に自分の読みを話しているときに，聞いている子どもたちはどこに視線を向けているか。本当に，その話し手の考えを聞きたいと強く思うとき，子どもは（「人」は），その話し手に自然に目を向ける。耳だけではなく，目で聞こうとする。

　けれども，先の学習場面において，発言する子に視線を意識して向けるのは，教師一人である。教師だけが耳と目で聞き取ろうと必死。だからこそ，その子は教師のみに目を向けて話す。そのとき，他の子どもたちの多くは，教師を見ている。仲間の発言に対して教師がどのような反応をするかを見ている。またある子たちは，黒板を見ている。教師が要領よくまとめてくれた板書を見ている。また，ある子たちは，その板書をノートに書き写している。

　そんな中，指名された子どもが教師に話し続けている。その姿が懸命であればあるほど，虚しく，寂しい。

　文学作品を学習材とした「仲間との読みの交流・話し合い」は，すこぶる意義があると，これまで述べてきた。国語教室の醍醐味とさえ思う。

　けれども，そこにどうしても必要なことは，子ども自身の相手意識であり，仲間の存在への認識である。

　「自分は，こう読んだ。仲間のあの子は自分と同じ読みをしているのだろうか。あの子はどうだろう。きっと違う読みをしていることだろう。自分の読みを仲間たちに伝えたい。そして，仲間の一人一人の読みを聞きたい。」

　クラス35人すべての子どもたちが，このような思いで話し合いに臨むとき，はじめて「仲間との読みの交流」が成立するのだ。

　「目力」を込めて34人の仲間に伝えようと話す子ども，その一人の仲間の話を「目力」を込めて聞こうとする34人の子どもたち。その35人の子どもが創る空気の中に，いつか私はいたい。追い求める「夢の学級集団」は，そのとき

にこそ実現するのだろう。

## 5 「対話」──すべての音声表現活動の基盤

　私が「美しい授業」からの脱却を図るため，そして，クラスすべての子どもたちが主体的な意志をもって，話し聞き合う学習空間の創造のために，今，私の国語教室に積極的に導入を試みているのが，「対話」活動である。

---

　「対話」活動のおおよその流れ
　　①「話題把握」－仲間と話し合う共通話題を確認する。
　　②「心内対話」－話題にもとづき，自分の考えをつくる。一人読み。
　　③「ペア対話」－自分の考えを対面する仲間と音声言語で交流する。
　　④「全体対話」－自分の考えをクラス全員と音声言語で交流する。
　　⑤「個のまとめ」－最終的な自分の考えを整理し，まとめる。

---

　設定された共通話題にもとづき，「心内対話」の時間内に自分の考えをつくっていく。文章中に書かれた言葉を丁寧に読みながら，作品との対話をする一人読みの段階である。書き込みをしたり，考えを文章化したりしながら，この後に待っている「ペア対話」に備える。

　一連の対話活動で，最も重視しているのは「ペア対話」である。

　ペア対話は，隣席の仲間と二人チームで行う。このペア対話の際，子どもたちは自分の机を隣と向かい合わせる。直接，対面して対話をするのである。

　開始の合図とともに，すべてのチームが一斉に話し始める。教室空間いっぱいに子どもたちの話す声が充満する。

　ペア対話を始めたばかりの初期段階で，子どもたちに「三つの条件」を話す。

---

　「ペア対話」三つの条件
　　①　話したいことを短く区切って，相手と交互に話す。

②　聞いていることを態度に示しながら，相手の話を聞く。
③　終わりの合図があるまで，沈黙の時間を決してつくらない。

　対話することにまだ慣れない子どもたちは，まず一人が自分の話したいことを一度に全部話してしまう。次にもう一人がまた全部話して，それで終了。対話にならない。

　話したいことを短く区切り，交互に話すことを指示する。ややもすると，積極的な一人が一方的に話して終わってしまう傾向を克服するためでもある。35人全員が，自分の思いや考えを音声言語で伝えるために実際に話すという活動を保障することが，このペア対話の最大のねらいなのだから。

　ペア対話の活動中は，基本的にはいつも，目を話し手に向ける。そして，「私はあなたの話を聞いている」ことを態度で示すように指示する。態度で示す方法は，具体的に指導する。例えば，以下のような方法。

○うなずく。相づちをうつ。首をかしげる。
○「はあ，なるほどね」「そうか」「それで」「ふ〜ん」など言葉を返す。
○同意できれば，微笑む。理解できなければ，顔をしかめる。

　実は，これらの「聞く態度」は教師自身が当たり前のように普段の授業で子どもたちに見せている姿である。特に，低学年担任のベテランの国語教師が子どもの発言を聞くときはすごい。その子が，最後まで話すことができるようにありとあらゆる方法を使って，聞く。この「聞く姿・聞く態度」を子どもたち自身のものとしたい。

　対話の基本は，相手と話し伝え合うことにある。対話相手が話しているときに，下を向いて聞くことは失礼だ，相手の目を見て「聞いているよ」という態度で聞きなさいと教える。同時に，話す際には，聞く人の方をしっかりと見て話しなさいと指導する。何故なら，相手はあなたの話を懸命に聞いていてくれるのだから。その聞き手の反応を確かめながら話しなさいと教える。

　このペア対話を始めたばかりの頃は，なかなか対話が続かない。お互いに話すことがなくなり，黙って下を向いているペアの姿があちこちに見られる。私が「まだ時間はあるよ。もっと対話しなさい」と促しても，「もう，みんな話したもん。話すことないもん」と言って，終了合図をずっと待ち続ける。

　そこで，ペア対話の三つ目の条件「終わりの合図があるまで，沈黙の時間を決してつくらない」。ペア対話の時間中，二人で話し続けることを義務づける。もう一度最初から意見を言い直してもいい，同じことの繰り返しでもいい，とにかく沈黙しないことを最優先させる。

　もっとも，この三つ目の条件は，ペア対話に慣れるとすぐにクリアする。かえって時間が足らないほど，二人の対話は続くようになる。

　ペア対話は10分間設定が多い。10分あればお互いの考えを話し伝え合うことが十分に可能である。もし時間がなければ，5分間でもいい，3分間でもいい，ペア対話の活動を設定すべきだと考えている。

　このペア対話を通して，クラス35人すべての子どもに，実際に「話す」という活動が保障される。自分の考えを言葉を選びながら音声言語で表現し，仲間に伝え，聞いてもらえるという体験が保証される。

　ペア対話のあと，「全体対話」に入る。全体対話とは，いわゆる「話し合い」である。何故，対話なのか。

　子どもたちは，それまでのペア対話で，自分の読みを一人の仲間と交流してきた。今度は，34人の仲間と読みを交流するのである。自分の読みを話し伝える相手は，黒板の前に立つ教師だけではない。この教室でともに学び合うすべての仲間たち。そして，自分の読みを聞いてもらうと同時に，34人の仲間一人一人の読みをしっかりと聞く。だから，「対話」なのである。

　例えば，一番前の席に座った子どもが発言のチャンスを得る。その子は，椅子から立ち上がると，自然に体を後ろに向ける。聞いてくれる，たくさんの仲間に目を向けて話すために。

　例えば，一番後ろの席に座った子どもが話し始める。すると，他の34人は，自然に顔を後ろに向ける。「あなたの話を聞いているよ」という態度を懸命に

話す仲間に示すために。

　子どもは（「人」は），話すことによって自分の漠然とした思いを徐々に明確にしていくと前述した。ペア対話はその貴重な過程だ。途中で言い直したり，言い淀んだり，言葉に詰まったりしながら話す過程こそが大切なのだ。

　この「全体対話」も同様である。ややもすると，しっかりまとまった考えがなければ発言できないという空気が「全体での話し合い」には生じがちだ。だから，ノートに書いてまとめた意見を読むことが「発言」であるかのような事態になる。もっと，ぎくしゃくしながら話していいのだ。言い淀んでいいのだ。ペア対話と同じように，34人の仲間に迷いながら悩みながら話せばいいのだ。もっと自然に自分を伝えようとすればいい。そう，子どもたちに繰り返し話した。「全体対話」は，話し上手な限られた子どもたちの発表の場ではない。

　クラス35人誰もが話したくてたまらない。そんなたくましさを。

　クラス35人誰もが聞きたくてたまらない。そんな優しさを。

　私の追い求める，「夢の学級集団」を創るために，そして，自分の言葉で他者と関わる「人間力」を育むために，「対話」のもつ意義はきわめて大きい。

特集◎人間力の育成──人間教育をどう進めるか

●

# 自然とのふれあい方一つで 人間力が深まる

●

菅井　啓之○すがい　ひろゆき
岡本　祐佳○おかもと　ゆか
山本　万莉菜○やまもと　まりな


はじめに

　そもそも「人間力を養う」などといえばとても大げさなことに思えて，何か特別な実践をしなければならないかのように考えてしまいがちである。しかし真実はそういうものではなく，実際的には足元の雑草一つ見ても，虫一匹見ても，鳥の声一つ聞いても，月や星を見ても，小石一つ掌の上に乗せても，人間力は醸成されるものである。自然のどんなものからでも，その内奥や背景にある根源的な生命，存在の本源に触れることができるなら，人としてどうあるべきかがおのずから会得される。その気付きこそが「人としての在りよう」「人間力」を養い育て醸成させていくものである。私といういのち，草一本，蟻一匹がそこにあるためにはそれ以外のありとあらゆるものとの繋がりがあり，それらが総力を挙げてその一つを支えている。こういう事実に目覚めるだけで人としての在り方や自然を見る見方や感じ方が変わってくるものである。そのきっかけを切り拓くことが，自然との触れ合いによって人間力を醸成し涵養することになるのである。

　自然との触れ合いが人間力の向上に寄与するためには，その「触れ合い方」

が重要となる。一般的に行われている自然との触れ合いは，大きく3つに区分される。その一つは，野山や川などの自然の中での遊び・ハイキング・オリエンテーションやキャンプなどの野外活動，二つ目は，自然物を工作材料として活用して物づくりを行う活動，三つ目は，昆虫や植物や野鳥・鉱物などに親しみその名前を覚えたり生態を知る活動，いわゆる自然観察活動などである。このような活動は科学的な探究力や体育的身体機能の増進，グループ活動によるエンカウンター（出会いを通した心と心の交流）など人間力の向上に結び付く要素はたくさん含まれているものの，本当に深い人間力を高めるまでには至らないことが多い。では，どのような自然との触れ合い方が人間力を真に高めることに結びつくのであろうか？

以下の先人の言葉は，心の置き処つまりはものの見方，受け止め方一つで大いなるものとの出会いや学びが成立することを教えている。

○人生は心ひとつの置きどころ（中村天風，2005）

○月影のいたらぬ里はなけれども　ながむる人の心にぞすむ（法然，1906）

○山水には得失なし　得失は人の心にあり　（夢窓国師，2000）

〈山水つまり自然そのものには利害得失はない。それは人間の心にあるのだ。〉

自然との触れ合いが人間力を高めるかどうかも，その受け止め方，触れ合い方，によるということである。同じことをしても，その感じ方，受け止め方，とらえ方，見方によるのである。ここが考えどころ，工夫のしどころであろう。

## 1　自然が人間力を高めるとはどういうことか

そもそも「人間力」とは総合的で多面的な能力であり，人が人として生きていく上で大切な力となるものを指すが，その中身は，人間存在としての本質的な要素と，生活においてより便利である付属的な要素がある。つまりは，読み・書き・計算などに代表される知識・技能面と，人柄や徳性・人間性・生きる姿勢や信念などの精神性・心のありようとである。本稿で特に考えたいのは，

人間としての本質的な要素つまり「心の深化」に「自然との触れ合い」がどのように関わり，「人間力=心」を高め深めることに繋がっていくのかという点である。

　人間力は人から学び鍛えられるだけではなく，むしろその基盤は自然に直接触れることにより構築される。そのわけは，人間力の本源は自然性からもたらされるからである。人間力というものは，人間としての本来的な働きであり，潜在的に内在している自然性を引き出すことにより存分に発揮されるものであろう。ここでいう自然性とは，人としての当たり前の在り方の上に立ってのその人自身らしさ，自分らしさ，個性の発露をいい，自然との触れ合い方によりその価値を自覚することができる。本来性に返ることが人間性の発露につながり，真の人間力を深めることになる。

## 2　自然との触れ合いは次のような側面で人間力向上につながる

1）感動する心，驚く心が育まれ，情緒が豊かになる⇒「もののあはれ」あはれ＝ああ，晴れ＝特別＝目の前のすべての事柄は奇跡のように特別凄いことだ！
という伝統的な美意識が育まれると，当たり前の深さが観えてくる。

2）自然の多様性に触れることで，ものの見方や考え方が広がり寛容な心が育つ⇒いろいろあることにこそ価値があることに目覚めると，おのずから大らかさが備わる

3）物事の奥や背後まで深く考えることができるようになり，健全なものを見分ける目が育つ⇒自然界の生命は全てあるがままに健全に生きている。その姿から正しい在りようを会得することで，判断力が増し，よって健全な行動ができるようになる

4）豊かな創造性を育む⇒自然界は無限の形・在り方・生き方をしているものに出会う場であり，その一つ一つが創造的であり，無尽のアイデア・デザインに満ちあふれている。

5）「自然を愛でる心」は「人を愛する心」に通じる⇒自然界のあらゆるいのちに思いを向けることは，おのずと他者の存在の重みを実感して他己（自分と同価値のいのちであり，自己のいのちを支えているものとしての自己の拡大的認識）と自己の同一性に目覚めることで，人を愛する心が育まれる。

6）自然のリズムに同調することで心が落ち着き，自尊感情が湧く⇒ゆったりとした安心感・安定感が養われることで，自己の存在価値が実感され，おのずと自尊感情が深まる。

7）自然への畏敬の念が湧きおのずと謙虚になる⇒大いなるもの，人智を超越した遥かなる働きの前には畏れ多い気持ちが湧いてくる。

逆に言えば，上記の７つの観点を踏まえて，そのような側面が深まるような自然との触れ合い方を工夫していかなければならないという裏側からの見方が重要である。もちろんこれら７つの側面はばらばらではなく渾然一体である。

さらには，自然界の在りように，人間力の原点を学ぶ視点として重要なことは次の５つである。

　①全体性⇒鳥瞰的な視野をもって，木を見ながら森を見る感覚

　②調和性⇒常に全体的に調和し偏らない，バランスの取れた在り方

　③流動性⇒柔軟性・可塑性をもった臨機応変な姿勢や構え

　④中心性⇒螺旋形の貝殻のような中心柱（不動の信念）を持つこと

　⑤落ち着き⇒「わび・さび」の美意識にも通じる静寂不動の心

上記の５つの観点は，自然の在り方から人間力を磨き上げていく上で重要な資質・能力と言える。これらの力も自然と触れ合えばすぐに付くというものではなく，徐々にじんわりといつの間にか涵養されてくるというもので，急ぐことなく気長に求め続けていくことこそが大事なのであろう。自然界は上記の視点を全て備えているので，自然との触れ合いにおいておのずからこのような力が涵養されてくるものである。

# 3　身近な虫と心で触れ合う（1年　生活科）

　人間力を高める自然との触れ合い方は，「心で触れ合うこと」から「心を集中させて見ること」へと深まることが重要であることを以下の2つの事例から考えてみたい。

　子どもたちは，外に出て虫などの生き物を採ることが大好きである。しかし，採ることに夢中になるあまり，そのものをじっくりと見つめたり，そこから考えたりする経験が少ない。生き物を採ることはあくまでも目の前の生き物と出会う入口であり，そこにとどまっていては同じことを何度やっても深まりがない。目の前の生き物と，「心で触れ合うこと」こそが人間力につながると考える。

　そこで，「虫となかよしになるための活動」を行った。採ってきた虫をシャーレに入れて丁寧に詳しく観察することで気付きを深めようとするものである。すると，採ってきた虫を静かにじっくりと見始めるようになり様々な気付きが生まれてきた。次に観察カードの内容の一部を紹介する。文末の○内の数字は次頁の気づきの分類の数字に対応している。

・よく見ると，バッタの体の横に赤と白の点線があった。（①）
・バッタの後ろ足にはとげとげがありました。（①）
・下からうんちが出た。（①）

自分の見たバッタのフンが出た瞬間を描いている。

・虫の顔が面白い。いろんな模様があった。体が大きい。（②）
・シャーレのガラス面によくにらめっこをしにきます。（②）
・捕まえたときはダンゴムシかと思ったけど，よく見てみるとワラジムシでした。（③）
・ダンゴムシが葉っぱの細いところに丸まっていました。持ち上げてもずっとつかまっていました。（④）

葉の茎にダンゴムシがしっかりつかまり，葉を持ち上げても落ちてこない様子を描いている。

気づきの質を分類すると次の４つである。

① 細かいところまでよく見ることができた。

　→普段は動いていて見ることが難しい細かいところまで見ることができ，その面白さに気づくことができた。下からうんちが出たと書いていた子どもは，驚いた様子でそのフンが出る瞬間を見たと話してくれた。どこから出たのかも観察カードに自分なりに書いていた。

② いろいろな角度から見ることができ，気づきの幅が広がった。

　→にらめっこをしていると表現した子どもは，上から下からといろいろな角度から虫の動きを見て楽しんでいる様子だった。

③ 自分が思っていたものと違うということに気づけた。

　→この子どもは，体が丸くならないという事実から，ワラジムシだと気づいていた。近くで見ないと本当のことが分からないとなると，小さな虫でも次からよく見てみようという姿勢を育むことにつながった。

④ 疑問をもつことにつながる気づきが生まれた。

　→例えば，ダンゴムシが葉っぱの細いところに丸まって持ち上げても動かない様子から，「どうして動かないんだろう」「何をしているんだろう」という疑問を持ちながら観察する姿が見られた。

　観察中のカマキリがかごから飛び出して教室の天井にぶら下がり，まったく落ちてこないことがあった。それを見て「わー！　ひっついてる！」と子どもたちは大興奮していた。「どうして天井にぶら下がることができたのだろう」と不思議に思ってカマキリを見つめることができた。人ができないことを平気でやってのける虫のすごさを実感できると，その驚きこそが小さないのちを大切にしようとする気持ちを育むことにつながっていくものである。

　そのためには，まず虫をじっくり観察すること，そしてその虫がなぜそのような体のつくりになっているのかを考えてみることが大切である。心で触れ合うということは，虫の形の奥にその動きやくらしまでも想像してみることを含

めて，虫を一つの生きているいのちとして受け止めることである。

　このようなじっくり見つめ深く考えてみる体験を重ねていくことで，自然との触れ合い方に深まりができてくるものと考える。

## 心を集中させると見えてくる……………………………………………………

　ある日，友だちが捕まえた1匹のザリガニをじっくりと見ている子どもがいた。「おしりはここ」「くち見つけた」とつぶやきながら，つかんだザリガニの足のところにそっと指を近づけると，「いたくない」ことを発見していた。ザリガニと言えば大きなハサミが目立つが，挟まれても痛くない場所があるという意外な事実に驚いていた。この子どもは，日頃から学校にいる<u>ザリガニを採ることに夢中だったが，このときは，ザリガニの体の細部や，その動きをよく見ていてとても真剣で，目の前のザリガニの世界に引き込まれている</u>ようだった。指をそっと近づけたのは，ザリガニが人に捕まえられると思ったらびっくりするからだと話していた。一匹のザリガニに対する優しさが感じられるとともに，自分自身の体験から分かってきたことを話していたことから，ただ採るだけのときよりも進歩が見られる。興味をもって関わり，優しい心で接するといろいろなことをザリガニが教えてくれるのだという体験は心にずっと残っているものである。

　上の事例ではザリガニをじっくりと見ることで今まで知らなかった新たな一面に気づき，ただ表面的なことから心で触れ合うこと，さらには「心を目の前のものに集中させている」と言える。

　この子どもがザリガニを集中して見ることができたのは，そこに"静けさ"があったからである。いつもなら，多くの子どもがにぎやかにザリガニ探しをしていて採ったザリガニを落ち着いて観察する雰囲気はない。この日は，ザリガニを探しに来ていた子どもは数人で，落ち着いてザリガニと触れることができた。

　私は，静かにじっくりとものを見ようとするこの子どもの姿勢にこそ，人間力を高める大切なものがあると感じている。陶芸家の河井寛次郎の言葉に，「花を見ている　花も見ている」というものがある（河井，2006）。目の前のものに集中すると，心が外界から転換され内に向かい，そのものと一つになることができる。すると，今まで見えていなかったものにも気づき，心が満たされてくるのである。そのようにして心が落ち着いてくると，ものごとを丁寧に観察し，深く考えることができるようになるものである。その時の気持ちや心の

動きをどのように引き出していくかが今後の課題である。このような人間力を
高める自然の触れ合い方を，さらに深めていきたい。

## 4　お月見が人間力を磨く（2年　生活科）

　都市に住む多くの子どもたちは，自然との関わりが乏しく，季節感を味わう
機会も少ない。しかし，日本人は昔から自然と共に暮らし，その季節の変化を
感じ取り，伝統行事として残してきた。例えば，秋といえば「月」で，お月見
は平安時代から続く伝統行事である。

　暗い夜空に輝く月は，誰もが美しいと感じるものの一つである。「雪月花」
や「花鳥風月」は日本の自然美を象徴した言葉であり，その奥には，人智を超
えた大いなる働きに対する畏敬の念を内包している。

　それを表現しているのが「お月さま」という呼称だ。「お～さま」と付ける
ことは，その存在に人智を超えたものを，直感・洞察している。その畏敬す
べき美しいお月さまと，自分の心とが一つになり，心が浄化される営みこそが
「お月見」の本来の意義なのである。

　そこで，お月見で「心を磨く活動」を行った。昔の人々は心の掃除をするこ
とで，自己の内面を磨き，ものの見方・考え方を変革し，人生を豊かにしよう
とした。その見方を捉え直すことこそが，深い人間力を養うことにつながると
考えたからである。

**実践「お月さまから学ぼう」**………………………………………………………
　2019年9月13日，中秋の名月の日に，生活科で「お月見」の授業を行った。
　①　お月見の心を知る
　中秋の名月にはススキや月見団子をお供えすることなどの儀式としての形を
伝えた上で，先人たちがどのような思いのもとにお月見をしてきたのかという
心の部分を考えていった。

　すると，「お月見の心」について，以前に道徳科の授業の中で打ち上げ花火

をする人々の心を学んだことと重ね合わせて考えた児童がいた。「お月見をする人々の心の優しさで，世界を平和にしようとする心があると思います。」という意見である。お月見という窓から，以前に学んだことを関連付けて，広い世界に目を向けることができ始めた例である。

　②　お月さまで心を磨く

　授業の中で「洗心」という言葉と月を重ねて「日々，お月さまの美しさで，自分の心を毎日洗おう・掃除しよう・磨こう」ということを呼び掛けた。心の掃除こそお月見をする本来の意味だと気づき，月に思いを向けてもらいたいからだ。心を掃除すれば，素直になり，謙虚になれる。謙虚になればおのずと自己を見つめ直し，そこから畏敬の念や感謝の気持ちが湧き，それが深くなればなるほど自分の行動が変わる。これこそが，人間力が深まっていく証である。その話の中で，A児童が「毎日，お椀に綺麗な水を入れていくってことと同じこと？」とつぶやいた。それは以前，「毎日1つでもいいことをして，自分の心の器に綺麗な水を注いでいくと，今よりもっと心の優しい素敵な大人になれるよ。」という話をしたことが，「洗心」と同じことだと気づいたわけである。日頃何気なく話していること一つひとつが，このように児童の心に響いていくのだと，私自身驚いた場面でもあった。

　③　お月さまと心を通わせる

　「お月さまをみていると，どんな気持ちになりますか？」と問いかけると，以下のような反応が見られた。

　　B児「むしゃくしゃした気持ちが，どうでもなくなってしまうほどの綺麗さを持っていると思います。」

　　C児「心が暖かくなる。」

　　D児「心が気持ちよくなる。」

➡上記の児童たちは，以前に月を見た経験から，その時の自分の気持ちを思い出して考えることができている。それはまさに，月と心が一つに近づいたからこそ，自分の心が変化していることがいえる。月の美しさで心が洗われ，素直な心になり畏敬の念や感謝の気持ちが芽生えることだろう。児童の人生という

長い時間を見据え，これらの思いを少しずつ深めていきたい。

　E児「望遠鏡でのぞきたくなる。」

➡これは，望遠鏡でより美しい月をじっくり見てみたいという思いが込められているが，科学的な興味だけで終わってしまうかもしれない。「じっくり見る」ということは，科学や文化などを様々な見方で，ものを観察し総合的にみることで，そのものの本来の姿を観たといえる。このような学び方に気づけるように導いていきたいものだ。

　このように，「お月さま」という一つの窓をきっかけにいろいろと考え，捉えていくと，伝統や文化に深さがあることに児童たちは気づき，授業後の感想には月の認識に変化が見られた。後日，実際にお月見をした家庭や，出始めた月を初めて見て感動したことなどを話してくれる児童がいた。このような経験は，その児童の長い人生を考えると，一生忘れられない貴重な時間になったことだろう。

教室にお月見の風呂敷を飾り，秋は日々お月さまに意識を向け，伝統文化の雰囲気を味わい，心が清まることを実感させたい。

　今回，中秋の名月という特別な日を焦点に日本の伝統文化に触れ合う機会を作ったが，月は毎日みられる。その当たり前が当たり前でないことに気がつくことが自然観察の意義だ。これからも，お月見から素直な心を育み，自然に対する畏敬の念や感謝の気持ちを深めていきたい。


## 5　人間力の深まりは正しい方向づけと継続にある

　以上，1年生と2年生の2つの実践から見えてくることは，活動を人間力に結び付けていくためには，「心の深まり」に向けての細やかな指導の重要性とその積み上げが大切であるということである。

　1年生では，集中することによって虫と心で触れ合うことを深めていくこと

がわかる。また2年生では，お月さまと心を通わせることができるような「お月見」のあり方を工夫することで，お月さまで心を清め磨くことができるのである。

　このような心に触れる活動は即効性のものではなく，根気強く心を込めて丁寧に継続するところにこそ，その深まりがおのずから体現されてくるものであろう。

**文献**

法然『法然上人全集』金尾文淵堂，1906

河井寛次郎『蝶が飛ぶ　葉っぱが飛ぶ』講談社文芸文庫，2006

夢窓国師『夢中問答集』講談社学術文庫，2000

中村天風『中村天風一日一話』財団法人天風会，2005

特集◎人間力の育成——人間教育をどう進めるか

●

# 保育・幼児教育における人間力の基礎の育成

生活と遊びを通して行う人間教育

●

## 葉山 貴美子○はやま きみこ

はじめに

　今日，小学校に入学した児童が幼児期の教育における遊びや生活を通した学びと育ちを基礎として，主体的に自己を発揮しながら学びに向かうことが可能となるよう，保幼こ小接続を意識した「スタートカリキュラム」の充実が求められている。ここでは，保育者養成や現場の保育者の相談にかかわる立場から，乳幼児期の育ちの姿と保育・幼児教育の特質を紹介し，人間力の基礎を育むために人間教育をどのように進めるかについて，考えていきたい。

## 1　乳幼児期の育ちの全体像

　幼稚園と幼保連携型認定こども園は学校教育施設，保育所は児童福祉法上の児童福祉施設という違いはあるが，平成29年3月告示の「幼稚園教育要領」「幼保連携型認定こども園教育・保育要領」「保育所保育指針」（以下，この3つを合わせて「要領・指針」とする）の同時改訂／改定において，3歳以上の幼児教育については共通の記載となり，小学校入学までの教育を行う施設とし

て同等に扱うことが示された。

　また，「要領・指針」「学習指導要領」において，０歳から18歳まで，さらにその先へと成長していく「力」を「資質・能力」とし，家庭での養育や乳児保育での芽生え・幼児教育と学校教育を貫く柱が示された。新学習指導要領では「新しい時代に必要となる資質・能力」として，「生きて働く知識・技能の習得」「未知の状況にも対応できる思考力・判断力・表現力等の育成」「学びを人生や社会に生かそうとする学びに向かう力・人間性等の涵養」の３つの柱が示されたが，３歳以上の幼児教育段階では，資質・能力の基礎は，遊びや生活を通じて一体的に育まれる。以下に要点をまとめる。

---

幼児教育段階における資質・能力の３つの柱

◆　知識及び技能の基礎

　遊びや生活の中で，子どもが「感じる」「気付く」「分かる」「できる」といった様々な経験をすることが知識や技能の基礎となる。

◆　思考力・判断力・表現力の基礎

　遊びや生活の中で，やりたいことに向けて，気付いたことやできるようになったことを使いながら，子どもが「考える」「試す」「工夫する」「表現する」ことが，思考力・判断力・表現力の基礎となる。

◆　学びに向かう力・人間性等

　心情，意欲，態度が育つ中で，よりよい生活を営もうとすること，子どもが「意欲をもつ」「頑張る」「粘り強く取り組む」ことが学びに向かう力・人間性等の基礎となる。

---

　発達段階により教える内容やふさわしい教育の方法は異なるが，共通の力の育成に携わることが明確にされたこと，特に「幼児期の終わりまでに育ってほしい姿」（10の姿）（以下，「10の姿」とする）が具体的に示され，小学校と共有できるようになったことは重要なポイントといえる。

　「資質・能力」「10の姿」を含む乳幼児期の育ちの全体像を図１に示す。「資

図1　乳幼児期の子どもの育ちの全体像 （無藤，2018，p.127 に基づき筆者作成）

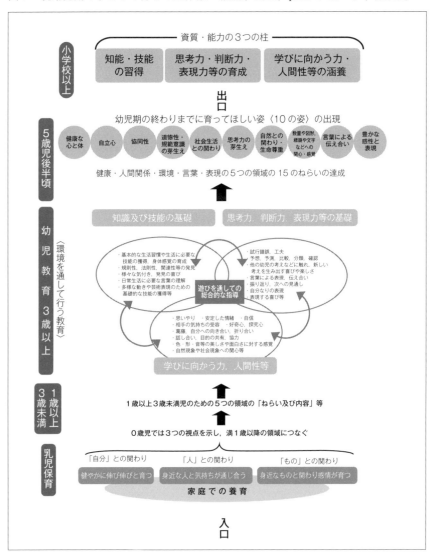

質・能力」を育てることは目標であるが、「10 の姿」は、到達すべき／させるべき目標ではなく、別個に取り出して指導するものでもない。5歳児後半ごろまでに「育ってほしい」子どもの具体的な姿を保育者側の願いから示したもの、保育する上での見方・考え方である。遊びや生活の中で、子どもたちにどのような力が育っているのか、あるいは育っていないのかを見抜き感じ取る力をもって、意識的に保育するための指標といえる。保護者にもわかりやすく、小学校の先生方とも共有し円滑な接続を進める上で役立つものとなっている。

## 2　人間力の基礎を育てる保育・幼児教育の内容

### （1）「非認知的能力」の重要性 ………………………………………………

今回「保育所保育指針」の改定では、「乳児・1歳以上3歳未満の保育の記載の充実」「保育所保育における幼児教育の積極的な位置づけ」といった方向性が打ち出された。その背景として、世界的に乳幼児期の教育を重視する動きが高まってきたこと、「非認知的能力」が乳児期から発達し、大人になってからの生活においても影響があるという研究結果が示されたことがあげられる。

「非認知的能力」とは、「学びに向かう力や姿勢」（目標や意欲、興味・関心をもち、粘り強く、仲間と協調して取り組む力や姿勢）（無藤・古賀，2016）、「社会情動的スキル」（目標の達成、他者との協働、情動の制御）（OECD，池迫・宮本，2015）、「文脈依存的な力」（複数の要素が関連・影響する中で発揮される力）（中山，2018）、「あと伸びする力」（大豆生田・大豆生田，2019）、「問題解決力、柔軟性、心の回復力、自制心、やり抜く力、社会性、共感力など、従来の学力とは異なる数値化できない人間力」（ボーク，2018）など様々に表現されているが、従来から幼児教育で大切にしてきたものでもある。

保護者の中には、見える成果に注目し、ひらがなや数字の学習、外部講師による体育、絵画・造形、英語などの指導を行う園、運動会、作品展、合奏・劇の発表会など完成度が高い園に魅力を感じる方もいるだろう。しかし、保育で大切なのは、子どもの「やってみたい！」を引き出し、子ども自らが主体的に

表1　保育内容の要点（厚生労働省，2017；無藤，2018；社会福祉法人全国社会福
　　　祉協議会　全国保育士会より作成）

| 保育は「養護と教育が一体的に営まれる」 | |
|---|---|
| ◆　養護<br>・子どもの「生命の保持」及び「情緒の安定」を図るために保育者が行う援助や関わり<br>・子どもが心身ともに心地よいと感じる環境を整え，子ども自身が主体的に育つことを助ける営み | ◆　教育<br>・子どもが健やかに成長し，その活動がより豊かに展開されるための発達の援助<br>・知識を伝える・教えることだけでなく，「感じる・探る・気付く」といった子どもの興味関心を引き出すこと |

| 乳児保育の3つの視点と1歳以上の保育内容の連続性 | | |
|---|---|---|
| ◆　身体的発達に関する視点<br>　「健やかに伸び伸びと育つ」<br>　健康な心と体を育て，自ら健康で安全な生活をつくり出す力の基盤を培う。 | 「自分（特に体）との関わり」<br>⇒「健康」 | 身体・対人関係・環境の育ちの接点で生まれる<br>⇒「言葉」<br>⇒「表現」 |
| ◆　社会的発達に関する視点<br>　「身近な人と気持ちが通じ合う」<br>　受容的・応答的な関わりの下で，何かを伝えようとする意欲や身近な大人との信頼関係を育て，人と関わる力の基盤を培う。 | 「人（特に身近な大人）との関わり」<br>⇒「人間関係」 | |
| ◆　精神的発達に関する視点<br>　「身近なものと関わり感情が育つ」<br>　身近な環境に興味や好奇心をもって関わり，感じたことや考えたことを表現する力の基盤を培う。 | 「もの（身近な）との関わり」<br>⇒「環境」 | |

| 保育内容の5領域（子どもの発達を見る視点の分類） | |
|---|---|
| 健康 | 健康な心と体を育て，自ら健康で安全な生活をつくり出す力を養う。 |
| 人間関係 | 他の人々と親しみ，支え合って生活するために，自立心を育て，人と関わる力を養う。 |
| 環境 | 周囲の様々な環境に好奇心や探究心をもって関わり，それらを生活に取り入れていこうとする力を養う。 |
| 言葉 | 経験したことや考えたことなどを自分なりの言葉で表現し，相手の話す言葉を聞こうとする意欲や態度を育て，言葉に対する感覚や言葉で表現する力を養う。 |
| 表現 | 感じたことや考えたことを自分なりに表現することを通して，豊かな感性や表現する力を養い，創造性を豊かにする。 |

関わっているか，従順さではなく柔軟性が育っているか，あと伸びする力をたくわえているかといった視点から子どもの姿をとらえることといえる。

## （2）発達段階をふまえた保育内容……………………………………………

　乳幼児期は発達が著しく，学びの過程は一律でなく発達段階により異なる。0歳の乳児保育においては，「生命の保持」及び「情緒の安定」という「養護」に関わるねらい及び内容を基盤にしながら，身体的・社会的・情緒的発達の3つの視点を意識して保育が営まれる。1歳以上になると，保育内容の「健康」「人間関係」「環境」「言葉」「表現」の5領域のねらい及び内容に基づく活動全体を通して資質・能力が育まれる。以下，表1に保育内容の要点をまとめる。

　「保育所保育指針」には，「養護」と「乳児保育」「1歳以上3歳未満児の保育」「3歳以上児の保育」それぞれに関するねらい及び内容が記載されている。「要領・指針」に共通し，「ねらい」は保育・教育を通じて育みたい資質・能力を子どもの生活する姿から捉えたもの，「内容」はねらいを達成するために何を経験すればよいか抽象的に整理したもの，「内容の取扱い」には内容を経験できるよう保育者が行う援助や配慮が示されている。3つの視点・5領域に分けられているが，様々な側面が絡み合い影響し合いながら子どもは発達していく。

　保育を進める上で発達過程の把握は欠かせないので，概要を示しておく。

---

### 1歳以上3歳未満児の保育

　特に心身の発育・発達が顕著な時期で，自分でできることが増えてくる。保育者は子どもの生活の安定を図りながら，自分でしようとする気持ちを尊重し，温かく見守るとともに，愛情豊かに，応答的に関わることが必要である。個人差が大きいため，一人一人の子どもの状態に即した保育を展開できるように，また保護者の思いを受け止めながら，「子どもの育ちを共に喜び合う」という基本姿勢の下で，一日の生活全体の連続性を踏まえ

て家庭との連携を指導計画に盛り込むことも求められる。

### 3歳以上児の保育

　クラスやグループなどの集団生活での計画が中心となり，個の成長と集団としての活動の充実を図ることが必要となる。ただし，集団を構成しているのは個性や育ちがそれぞれに異なる子どもである。個を大切にする保育を基盤とすることで，一人一人の子どもは集団において安心して自己を発揮し，他の友達と様々な関わりをもち，一緒に活動する楽しさを味わい，協同して遊びを展開していく経験を通して，仲間意識を高めていく。

### 異年齢編成の保育

　様々な年齢の子どもたちが共に生活していることを生かし，異年齢編成の保育により多様な経験を得ることも可能である。自分より年下の子どもへのいたわりや思いやりの気持ちを感じたり，年上の子どもに対して活動のモデルとして憧れをもったりするなど，子どもたちが互いに育ち合う姿がみられる。

　様々な課題を抱えた児童・生徒の教育を考える上でも，養護的側面や安心して自己発揮する集団づくりの視点は参考になると思われる。


（3）「幼児期の終わりまでに育ってほしい姿」（10の姿）と「指導要録」…
　「要領・指針」に共通して示されている「10の姿」とは①「健康な心と体」②「自立心」③「協同性」④「道徳性・規範意識の芽生え」⑤「社会生活との関わり」⑥「思考力の芽生え」⑦「自然との関わり・生命尊重」⑧「数量や図形，標識や文字などへの関心・感覚」⑨「言葉による伝え合い」⑩「豊かな感性と表現」で，深く関わる保育内容の領域は，「健康」①，「人間関係」②〜⑤，「環境」⑤〜⑧，「言葉」⑧⑨，「表現」⑩　である。また，「10の姿」は，資質・能力が領域を通して具体的にどのように育っていくかという方向性を示し

たもので，姿の中に，知識及び技能の基礎，思考力・判断力・表現力の基礎，学びに向かう力・人間性等の３つの柱が組み込まれている（下線は無藤，2018，p.4 の色分けを参照）。「非認知的能力」の１つである②「自立心」の例を示しておく。

---

例　②「自立心」

　身近な環境に主体的に関わり様々な活動を楽しむ中で，しなければならないことを自覚し，自分の力で行うために考えたり，工夫したりしながら，諦めずにやり遂げることで達成感を味わい，自信をもって行動するようになる。

　　　　　　　　　　　　　　　（下線は無藤，2018，p.4 の色分けを参照）

---

　さらに，「10 の姿」は，子どもの育ちと保育者の指導過程の指標でもある。「要領・指針」の改訂／改定で，今回「指導要録・保育要録」も新しくなったが，小学校への引き継ぎをひとつの目的とし，「最終学年の指導に関する記録」が追加された。『幼稚園幼児指導要録』の様式を例にあげると，育ってほしい「10 の姿」とともに，５領域の「15 のねらい」が組み込まれている。記入項目には，「学年の重点」「個人の重点」「指導上参考となる事項」等があり，「10 の姿」を活用し，教育課程における育ちを総合的にみて，幼児の伸びた部分，育ちつつある姿，引き続き指導・援助が必要な点などを記述する。

　例えば，進級当初，初めてのことに不安があり，見ていることが多かったＡ児に，①「健康な心と体」②「自立心」の発揮の難しさを感じ，「個人の重点」を考え，指導を積み重ねていく中，小動物を日々世話する姿が友だちに認められたことがきっかけとなり，自分で調べてまとめたことを発信したり，友だちとの関わりが増え，新しいことにも挑戦し始めた経過等を「指導上参考となる事項」に具体的に記入する。その際，保育者の指導内容や方法と関連させながら，⑦「自然との関わり・生命尊重」⑧「数量や図形，標識や文字などへの関心・感覚」が発揮されている姿，⑤「社会生活との関わり」⑥「思考力の芽生え」⑨「言葉による伝え合い」などに広がっていった姿，課題とした力①②が伸びつつある姿などがわかるようまとめていくことになる。

　資質・能力の基礎の表れである「10 の姿」をバランスよく育てる視点をも
ち，一人一人の課題を指導する過程は，人間教育そのものといえる。

## 3　保育・幼児教育の方法
### ──「環境を通して行う教育」「遊びを通しての総合的な指導」

　ここでは保育・幼児教育ならではの方法を取り上げる。幼児教育は「環境を
通して行う教育」を基本とし，幼児の自発的な活動としての遊びを中心とした
生活を通して一人一人に応じた総合的な指導が行われるという特徴がある。
　歴史的には，明治期にフレーベルの恩物[1]が日本に導入され，教材ありきの
保育からスタートしたが，現在は，子どもの自然な姿，ありのままの姿の理解
から保育内容を考える動き，活動を選択する主体は，保育者でなく子どもにあ
ると考える方向に変わってきている。
　幼児教育の特質がより明確になるよう，幼児教育と小学校教育をつなぐス
タートカリキュラムを参考に，両者を比較して表2に示す。
　遊びを中心とした保育は，ただ遊んでいればよいのではない。活動は子ども
が環境に関わって生み出すものであり，保育者は子どもの活動を予想して環境
を構成し，子どもの活動を援助する役割を担う。保育における教材は，子ども
を取り巻く環境全てといえる。環境を「アフォーダンス[2]」理論からとらえるこ
とも必要である。また，保育者が具体的に設定したねらいや内容を子どもが経
験できるよう計画的に環境構成を行う一方で，子どもが環境に関わるなかで，
偶発的に生じる出来事も多く，子どもの気付き，発想や工夫を大切にしながら，
子どもとともに環境を再構成していくことも重視している。

---

1　恩物とは，世界最初の幼稚園を創設したドイツのフレーベルによって開発された教具。子どもが
　球，立方体，円柱，積み木，折り紙，粘土などを使い，単純な形を操作しながら，事物の基本的な
　形や法則を感じ，創造力を伸ばすことができるが，使い方・順序などは決められている。
2　アフォーダンスは，ジェームズ・J．ギブソンによる造語で，環境が人や動物に対して与える行為
　の可能性のこと。例えば，コップの取っ手が「持つ」という動作を，わずかな隙間があることがも
　のを「落とす」という動作をアフォードしているなど。

表2　幼児期と児童期の教育の違い（文部科学省　国立教育政策研究所，2018より作成）

| 幼児期：学びの芽生え | 児童期：自覚的な学び |
|---|---|
| ○楽しいことや好きなことに集中することを通して，様々なことを学んでいく。<br>○遊びを中心として，頭も心も体も動かして様々な対象と直接関わりながら，総合的に学んでいく。<br>○日常生活の中で様々な言葉や非言語によるコミュニケーションによって他者と関わり合う。 | ○学ぶことについての意識があり，集中する時間とそうでない時間（休憩の時間等）の区別が付き，自分の課題の解決に向けて，計画的に学んでいく。<br>○各教科等の学習内容について授業を通して学んでいく。<br>○主に授業の中で話したり聞いたり，読んだり書いたり，一緒に活動したりすることで他者と関わり合う。 |
| 幼児教育 | 小学校教育 |
| ○5領域（健康，人間関係，環境，言葉，表現）を総合的に学んでいく教育課程等<br>○子どもの生活リズムに合わせた1日の流れ<br>○身の回りの「人・もの・こと」が教材<br>○総合的に学んでいくために工夫された環境の構成　　　　　　　　　　　　など | ○各教科等の学習内容を系統的に学ぶ教育課程<br>○時間割に沿った1日の流れ<br>○教科書が主たる教材<br>○系統的に学ぶために工夫された学習環境<br>　　　　　　　　　　　　　　　　　　など |

　中坪（2017）は，カリキュラムやスケジュールで決められた「外的な時間」と子どもの内面に寄り添う「内的な時間」をあげ，子どもの主体的な遊びの特徴が引き出されるときと引き出されないときについて考察している。好奇心とは無関係にクラス全員が同じように活動したり，「外的な時間」ばかり気にして，事前に綿密に計画された活動内容の遂行に固執するのではなく，保育者が子どもの興味・関心，気持ち，言動などに耳を傾け，いかにして遊びの発展や充実につなげようかと模索すること，教え導くよりも遊びに没頭できる時間や環境を保障することの大切さにふれている。子どもが自発的な遊びの中で偶然おもしろさを発見した姿をとらえたり，子どものつぶやきや子ども同士の会話から，好奇心の表れをとらえ，問いを投げかけるなど，保育者の意図性と子どもの主体性のバランスを考えた関わりは保育の難しさであり醍醐味でもあるだろう。

　学びの芽生えの時期においては，既存の知識ややり方を効率的に教えてもらう「知識による学び」以上に，生活する中で目の前に現れる課題や問題に対し，好奇心・探究心をもって関わり，試行錯誤し，直接的・具体的な体験を通して自分なりにつかみとっていく「体験による学び」が大切になる。体験による学びは，効率が悪く失敗も続くが，例えば，食事・排泄・着脱など生活する力は，日々根気強く繰り返し行うことで身に付き，徐々にうまくなり，自立へと向かっていく。また，子どもは，遊びにおいても太古の昔からある水・砂・石，花や草木，虫などとの関わりを好むところがあるし，例えば，ままごとやごっこ遊び，製作，ブロックやタワー積み木，砂場でのトンネルほりや泥団子づくり，鬼ごっこやリレーごっこなど，「遊び込む」ことができる時間と環境が重要である。見立てて遊ぶ，なりたいものになりきって遊ぶ，仲間とルールを決め協同しながら進める，自分たちで遊びを創り出す，失敗しても試行錯誤や工夫を重ねる，粘り強く挑戦し続けるといったことが，達成感や自信につながり，生きる力・学びに向かう力の基礎になるのである。

## 4　乳幼児期の人間教育において大切にしたいこと

　最後に，困った行動や偶然の中に大切なものがあることを取り上げる。

　まず，乳幼児期の保育において，いざこざやもめごとは頻繁に起こる。だから保育者主導の統制された保育，遊びより小学校の先取り教育がよいわけではないし，いざこざは避けるべき，自己中心性は正すべき，トラブルは大人が介入して解決すべきという考え方も望ましくない。今日，人に本来備わっている「レジリエンス[3]」が弱くなっていることもあり，乳幼児期から大人が適切に援助し，子どもが自分で乗り越え立ち直る経験を大切にしていく必要がある。

　自分の思いをしっかり持ち始めた子どもがお互い自己発揮してもめる経験，

---

3　レジリエンスは，様々な定義があるが，脆弱性の反対の概念で，人間の心の「回復力」，心の強さ・タフさではなく「心のしなやかさ」，うまくいかなくても落ち込んでも，「立ち直る力」のこと。

ぶつかることで他者の思いに気付く経験，ルールを守る必要性や自分がどうふるまえばよいかがわかってきても，なかなか折り合えず葛藤する経験等は，人間力を育む上で欠かせないものであり，その場面に保育者がどう関わるかは人間教育の重要なテーマとなる。保育の目標や保育者の願いをもっているからこそ，子どもの揺れる思いを受け止め寄り添ったり，なにげない行動の一つ一つから個々の育ちや発達を読み取り，ここぞというところでしっかり関わることが可能となる。成長に向かう力を信じて関わる保育者や共に過ごす仲間に支えられる集団生活の中で，気持ちを切り替えたり，葛藤を乗り越えたり，失敗を恐れず自分で判断して行動したり，自分たちで話し合って解決していく力がついてくる。もめごとやいざこざが起きても目標に向かって共に取り組み，喜びや達成感を共有する経験を通して，子どもは「自己調整力」を身に付け，「自己肯定感」や「有能感」を高めていくことができるといえる。

　また，大人にとっての困った行動は，ときに虐待に発展しかねない危険性をはらんでいるが，例えば，人見知りは愛着形成の現れ，いたずらは好奇心・探索行動の現れ，イヤイヤ期は自我の芽生え・自己主張の現れ，いざこざは自己発揮できるようになりこれから自己統制を学ぶ途上の育ちの現れなど，問題行動でなく人間力のもとであるという理解をもって関わることも大切にしたい。人間力の育成を軸に据えることで，いつも相手に合わせもめごとを起こすことのない子ども，きまりは守れているけれどもなぜ守らないといけないか考えていない子どもの問題も浮き彫りになるだろう。

　乳幼児期にどの子どもも共通に乗り越えるべき発達課題があるが，今日，1クラスに多様な教育的ニーズをもつ子どもが複数存在する。先が見えず保護者も保育者もまわりの子どもたちも疲弊する時期が続くこともあるだろう。それでも，願いと見通しをもって保護者・保育者仲間との対話を積み重ね，園内外の資源を活用し，子どもとていねいに向き合っていくことで，3年がかりで取り組みがようやく実り始めるといったことが起きてくる。もともと個人差が大きいことを前提としている乳幼児期だからこそ，一人一人の課題や好きなことを見極め，必要な時間をかけて繰り返し取り組んでいくことを大切にしたい。

あきらめず根気強く関わるには，大人側の人間力や「非認知的能力」も必要である。クランボルツらが提唱した「プランド・ハプンスタンス・セオリー」では，人のキャリアは自分の手で切り開いていくより，人生の約80%以上の偶然の出来事が大きな影響を及ぼすとし，偶然の出来事の影響を無視したり，過小評価するより，それらの持つ重要な役割を認識し，生かし，それらを積極的に生み出すことが人生の質を高めることにつながること，そのために必要なスキルとして「好奇心・持続性・柔軟性・楽観性・冒険心」の5つを示している（Mitchell et al., 1999）。生涯にわたって，また AI社会においても生きてくる人間力，非認知的能力は，まさに遊びを通した学びの過程でその基盤が培われるといえるだろう。

**参考文献**

ボーク重子『「非認知能力」の育て方　心の強い幸せな子になる 0〜10歳の家庭教育』小学館，2018

池迫浩子・宮本晃司『家庭、学校、地域社会における社会情動的スキルの育成　国際的エビデンスのまとめと日本の教育実践・研究に関する示唆』(https://berd.benesse.jp/feature/focus/11-OECD/pdf/FSaES_20150827.pdf) OECD（日本語訳　ベネッセ教育研究所）2015，p.13

厚生労働省「保育所保育指針」2017

厚生労働省「保育所保育指針解説」2018

Mitchell, K. E., Al Levin, S., & Krumboltz, J. D.(1999).Planned happenstance: Constructing unexpected career opportunities. Journal of counseling & Development, 77(2), 115-124.

文部科学省『幼児教育部会における審議の取りまとめ』(http://www.mext.go.jp/b_menu/shingi/chukyo/chukyo3/057/sonota/__icsFiles/afieldfile/2016/09/12/1377007_01_4.pdf) 2016

文部科学省『幼稚園幼児指導要録（最終学年の指導に関する記録）』(http://www.mext.go.jp/a_menu/shotou/youchien/__icsFiles/afieldfile/2018/04/02/1403169_01.pdf), p.12　2018

文部科学省　国立教育政策研究所『スタートカリキュラムの編成の仕方・進め方がわかる　スタートカリキュラムスタートブック』(https://www.nier.go.jp/kaihatsu/pdf/startcurriculum_mini.pdf) 2015

無藤隆『「幼児期の終わりまでに育ってほしい姿」(10 の姿)と重要事項（プラス5）を見える化！

10 の姿プラス5・実践解説書』ひかりのくに，2018

無藤隆監修・大方美香編著『平成30年度実施　ここが変わった！　指導要録・保育要録早わかりガイド』チャイルド社，2018

無藤隆・古賀松香『実践事例から学ぶ保育内容　社会情動的スキルを育む「保育内容　人間関係」』北大路書房，2016

中坪史典「子どもの主体的な遊びの特徴とそれが引き出される背景」『発達150　〔特集〕子どもをはぐくむ主体的な遊び』ミネルヴァ書房，2017，pp.12-17

中山芳一『学力テストで測れない　非認知能力が子どもを伸ばす』東京書籍，2018

大豆生田啓友・大豆生田千夏『非認知能力を育てるあそびのレシピ　0歳〜5歳児のあと伸びする力を高める』講談社，2019

社会福祉法人全国社会福祉協議会　全国保育士会「養護と教育が一体となった保育とは〜私たちは、子どもの命を育み、学ぶ意欲を育てます〜」(https://www.z-hoikushikai.com/about/siryobox/book/hoikutoha.pdf)

汐見稔幸・中山昌樹『これからの保育シリーズ⑦　10 の姿で保育の質を高める本』風鳴舎，2019

湯汲英史『0歳〜6歳　子どもの発達とレジリエンス保育の本〜子どもの「立ち直る力」を育てる〜』学研，2018

全国保育士会編『全社協ブックレット⑧　平成30年度改正施行〜平成29年3月31日告示　保育所保育指針　幼保連携型認定こども園教育・保育要領　幼稚園教育要領』全国社会福祉協議会，2017

特集◎人間力の育成──人間教育をどう進めるか

●

# 市民的活動を通じて
# 人間力の育成を

●

## 今西　幸蔵○いまにし　こうぞう

はじめに

　内閣府を中心とした人間力戦略研究会は，2003年4月に『人間力戦略研究会報告書 若者に夢と目標を抱かせ，意欲を高める～信頼と連携の社会システム～』を提出している（人間力戦略研究会，2003）。同報告書は，人間力とは「生きる力」という理念をさらに発展させ，具体化したものであると論じ，「現実の社会に生き，社会をつくる人間をモデルとし，その資質・能力を『人間力』として考える」とした上で，「Ⅱ　人間力の定義」として，「社会を構成し運営するとともに，自立した一人の人間として力強く生きていくための総合的な力」だと説明した。さらに，「教育とは，何のために，どのような資質・能力を育てようとするのか」という発想のもとに，具体的な教育環境の構築に意義があることに言及している。

　ここで示された人間力に関わる発想と定義は，OECDが提起したコンピテンシー概念と通底すると考える。2003年にOECD-DeSeCoが提示したキー・コンピテンシーは，日本では各省庁等によって個々に観点別化され，内閣府は「人間力」，文部科学省（以下，文科省）は「生きる力」としている。文科省が

提示した「生きる力」は，コンピテンス・ベースの教育と深く関わり，教育の目的や方法，育成すべき資質・能力において「人間力」と共通の土台を持っており，この資質・能力観をもとにして学習指導要領を構想している。本稿では，文科省がめざす資質・能力の育成という観点に立って，生涯学習・成人教育の領域から，OECD などが提起する人的資本や社会関係資本といった概念との関連について考察することにより，人間力とは何かについて解読しようとした。

## 1　市民的活動に求められるもの

### 1.1　市民的活動を求める協働型社会の可能性 ……………………………………

　21世紀のコミュニティ論として提案されたモデルの1つが「協働型社会」構想である。協働型社会の核となる市民（住民）は，公共サービスの担い手で，豊かで公正な社会の実現をめざす協働型社会を構成するアクター（行為者）として位置づけられる。公共サービスを行政などとシェアリングするだけでなく，コーディネート機能を有する中心的アクターになりつつある。

　「協働型社会」のモデルとなるのが自治協働（市民協働）であり，1999年に横浜市が示した「横浜市における市民活動との協働に関する基本方針（横浜コード）」は，協働の原則，方法，公金の支出や公の財産の使用における必要条件，担保等の内容を表す画期的なものであった。団体自治とパートナーシップ関係にある住民自治に強い影響を及ぼし，市民的活動にさまざまな示唆を与えた。ローカル・ガバナンスの重要な要素でもある協働型社会の構築は，アクター相互間の連携・協力から始まり，つぎの段階では，パートナーシップという緩やかな結合体として社会に機能するようになる。こうした協働化への要求と具体的実践の成果は，社会的資産として集積されることで発達資産（development asetts）化し，新しい社会構造への移行を展望する。

### 1.2　人的要素としてのアクター ………………………………………………………

　協働型社会を支える要素には，物的要素，環境的要素，人的要素があるが，

人的要素は，市民的活動に携わる人々，その支援者，NPO組織の人々，民間企業の人々，行政側の人々などで構成される。各々がアクターとして機能し，相互関係や調整関係を結びながら連携・協力する仕組みを形成している。市民的活動については，自発性，公益性，非営利性といった特性を有し，市民主体で，自律的な機能を生かした自主的，継続的な活動を実践する。市民に求められている要素の資産化と活性化は，「学習」によって形成されるが，それは「教育」によってもたらされるという認識が必要である。

## 2　人間力とは何か

### 2.1　社会を構成，運営する人間力 ………………………………………………

　「社会を構成し運営するとともに，自立した一人の人間として力強く生きていくための総合的な力」だと説明されている人間力とは，具体的にどういう力を指すのであろうか。用語を提唱した『人間力戦略研究会報告書』で，座長の市川伸一は「この定義は，多分にあいまいさを含んでいる」と述べた上で，厳密な定義をするのではなく，用語を導入することによって具体的な教育環境を構築することに意義があるという。さらに学校教育における人間力の諸側面が危機的な状況にあり，そこで「大人」がどのように生き，そこでは何が必要かということを子どもに見せることによって学ぶことの意義を伝える必要があると論じる。同報告書は，人間力の構成要素として，①「知的能力的要素」②「社会・対人関係力的要素」③「自己制御的要素」などがあると指摘し，こうした要素を「総合的にバランス良く高めることが，人間力を高めること」としている。

　つぎに，人間力モデルとしての「大人」が，社会を構成し，運営する活動として，以下の3つの側面をあげている。①職業人としての活動に関わる「職業生活面」，②社会参加する市民としての活動に関わる「市民生活面」，③自らの知識・教養を高め，文化的活動に関わる「文化生活面」である。

　3つの側面について，「職業生活面」における活動では，「キャリア」が認識

され，一人一人の社会的・職業的自立に向けて必要な基盤となる能力や態度の育成をめざすキャリア教育が始まっている。産業・経済構造の変化や，雇用の多様化・流動化，就職・修業を巡る環境の変化などといった問題があるが，人間は社会との時間的・空間的なつながりの中で，働くことを通して「自分らしい生き方」をみつけることが望まれている。「市民生活面」の活動では，協働型社会のアクターである市民として，社会の主体者として人間力を身につけ，生活者として自身に要求される課題を解決していくことが求められる。「文化生活面」の活動では，市民による多種多様な学習活動が展開されており，各々が自己充足を得るとともに，社会に関わる存在としての自己実現をめざす文化生活活動を展開している。成人としての市民の資質・能力の育成につながり，コンピテンス・ベースの学びとして生涯学習体系に基づいていると考える。

## 2.2　OECD-PIAAC における成人力 ……………………………………………

　人間力について考える際に，成人の力について我々はどう捉えるべきなのだろうか。人間力戦略研究会の人間力に関わる発想と定義が，OECD のコンピテンシー概念と通底すると前述したが，コンピテンス・ベースの教育を進める OECD は，成人対象の「成人力」についても研究対象としている。1994年以降に３度実施された成人リテラシー調査の IALS や ALL があり，2011〜2012年には国際成人力調査（PIAAC）が実施されている。日本も参加している PIAAC は，各国の 16歳から 65歳までの成人が，職場や社会生活でどのような力を備えているのかを測定した。

　この調査では３つの分野において成人力の指標を定め，実際の力量を評価している。３つの分野とは，「読解力」（文章や図表を理解し，評価し，活用する力），「数的思考力」（数的な情報を活用し，解釈し，伝達する力），「IT を活用した問題解決能力」（コンピュータやウェブなどを使用して必要な情報を収集し，評価し，他人とコミュニケーションし，与えられた課題を解決する力）である。結果から日本の成人コンピテンシーが均質であること，他国と比較して水準が高いことが判明しているが，調査で課題として示されたことは，IT

活用の力が十分ではなく，科学的リテラシーについては未調査で，問題を残していると推察される（国立教育政策研究所内国際成人力研究会，2012）。また，同調査では学歴とスキルの高さに強い相関があることが判明し，学校教育の役割，特に義務教育が「成人力」に与える影響が強く，成人に対する意図的な職業訓練とスキルの使用が必要であり，それが人的資本（Human Capital）と関わっているという（亀岡，2014）。早くから経済学で研究されてきた人的資本という概念を，OECD は「個人に内包されている知識，技能，能力，属性で，個人，社会，経済の福祉の創出を促すもの」（OECD，2001，p.18）と定義し，社会をつくり出す源泉であるとしている。この人的資本に関わる考え方が，OECD のコンピテンシーの構成に強い影響を与えている点が重要である。

## 2.3　認知的能力と非認知的能力

OECD-DeSeCo が提示したキー・コンピテンシーは，資質・能力の育成という観点に立った能力論であり，認知的能力と非認知的能力で構成されている。

前述した『人間力戦略研究会報告書』は，人間力を認知的能力と非認知的能力の視点から捉え，認知的能力としての構成要素に「基礎学力」「専門的な知識・ノウハウ」の習得をあげ，応用する力として「論理的思考力」「創造力」などの「知的能力的要素」があるとする。非認知的能力については，「コミュニケーションスキル」「リーダーシップ」「公共心」「規範意識」や「他者を尊重し切磋琢磨しながらお互いを高め合う力」などの「社会・対人関係力的要素」，さらに「意欲」「忍耐力」や「自分らしい生き方や成功を追求する力」などの「自己制御的要素」などがあるとして整理している。

人間力の育成は，市民的活動の中で育成すべき課題ではあるが，学校教育等で培われる認知的能力が基盤となることを重視すべきである。基礎・基本とされる知識や技能の習得，思考力・判断力・表現力の育成がまず優先されるべきであり，そのための教育環境の構築が必要である。人間力の視点から述べるならば，学校だけに任すのではなく，家庭，地域社会，産業等の支援者が構成する有機的な結合の中で人間力を育成すべきだということである。つぎに，非認

知的能力の育成という目標達成があり，学校教育を終えた成人を対象とするな
らば，市民的活動等におけるノンフォーマルな教育機能を活用して学習機会を
提供することになる。具体的には生涯学習活動や社会教育を指している。

## 3　人間力を育てる教育と市民的活動

### 3.1　人間力育成のための成人教育 ……………………………………………

　変化の激しい現代社会にあって，我々にとって必要とされる人間力は，認知
的な知識や技能だけで発揮されるのではない。非認知的能力を活用し，問題を
発見，柔軟な思考で対応し，複雑性と困難な課題に対する応用力が要ると考え
る。それは他者との良好な関係をもてる人間関係力を備え，豊かな人間性を含
む総合的な「知」によって担保されるものでもある。人間が，技能や態度を含
む多様な心理的・社会的リソースを活用し，汎用的なコンピテンシーを持つ存
在として機能することで社会を構成し，運営する力を人間力と呼ぶに相応しい
のではなかろうか。また，人間の経験は知識を構成し，意味を作りだすと考え
られていることから，成人を対象とした学習経験を運営することが重要で，そ
れによって人間力を育てる過程を生むと思うのである。

　成人の学習では，ノールズによって体系化されたアンドラゴジーを基盤とし
た教育経営が行われ，自己管理学習に関わるさまざまなモデルが提供される。
ノールズは，アンドラゴジーについて，「成人が自分の経験に目覚め，経験を
評価することを学ぶプロセスである」（Knowles, 2002）という。また，成人
だけでなく子どもの学習支援にも関わり，①自己概念の重視，②経験の役割，
③学習レディネス，④学習の方向付けの4点をあげている。

　市民的活動の大部分は，公益的，非営利的性格を有し，目的が社会課題，生
活課題や地域課題にあり，多種多様な内容であり，学習者の自己決定を求める。
成人への学習支援は実際的，具体的なものになるため，プログラムは多彩で柔
軟なものとなる。また，成人の学習要求と学習関心は生活適応的なものであり，
社会行動の原理を導く可能性を開き，学習行動の構造と実際については社会化

の原理が働き，社会的紐帯を形成する方向性で展開される。さらに個性化の原理があり，個人の自主性・自発性に基づき，ノンフォーマルで，集団，施設，集合等での実践活動として成り立つ成人の学習は，自己実現という目標のもとに成り立ち，本来的には個人が学習するものであるが，学びの過程は個人と個人をつなぎ，集団形成にまで至る。

　そこで，もう1つの資本である社会関係資本（Social Capital）が必要とされる。人間力の育成という観点から考えると，他者との連帯を望む人間性が重要である。人間力の育成で導かれる個の開発の可能性には，他者との関係性の形成が不可欠である。公民館活動などの社会教育では，開放的な人間関係を持つ集団は活動が活発化すると考えられている。

## 3.2　市民的活動におけるリーダーの資質・能力 ……………………………

　市民的活動に必要とされる重要な人的要素にリーダーがあり，その人間力とリーダーシップの質が問われる。市民的活動と密接に結びついている生涯学習を実践している指導者について，池田は，(1)教職員以上に人間通であり，人生通であって，豊かな人生経験と幅広い視野及び深い専門的教養を持つことが期待されていること，(2)学習者との対人関係だけでなく，関係機関とのネットワークや組織内部での連携を図り，コーディネーター役としての資質・能力が必要不可欠であること，(3)生活様式として生涯学習を把握し，その推進への指導に当たることとした。その上で，生涯学習への支援は学習者の主体的条件に対してだけでなく，地域社会の学習資源の配置はもちろん，その地域の産業構造や就労構造，生活水準や人々のライフスタイルなどを含め，学習者を取り巻く内外の諸条件から，学習者の学習意欲や学習活動を切り離さないで，具体的な生活や社会活動の文脈の中で，支援事業は計画実施する必要があると述べている（池田，1998）。

　池田の指摘をふまえ，筆者は市民的活動に関わっているリーダーに必要とされる資質・能力とは何かという問題について，実際に市民的活動を推進するリーダーを対象とした調査を行っている（今西，2016）。調査結果から判明し

たことをまとめ，リーダーシップとして何が必要なのかを8つの観点で明らかにした。「強いミッションや信念」「集団の仲間や協力者に対する信頼感」「見通しを持って行動できる力」「チーム内外の利害調整能力」「リーダーとしての責任感」「クリエイティブな意識や態度」「代表者としての存在感を示すようなリーダーシップ」「対人コミュニケート能力」の8つである。リーダーに対象を限定した調査であり，必ずしも多数の市民に必要な資質や能力を問うたものではないが，成人を対象とした教育や学習活動に必要なリーダーとしての要素が一定程度示されていると思われる。

### 3.3　市民的活動としての学校と地域社会の連携 ……………………………

　市民的活動に対する気運が高まり，わが国の教育の重要課題である学校と地域社会の協働の問題についての地域住民の関心度は高い。協働を進めていくには，役割を担える人材の育成が急務である。そうした人材を育成するには，実践的な活動に参加して学ぼうとすること，協働的な公益活動とは何かを理解することが前提となるが，根底には豊かな人間力を必要とする。

　人が学ぼうとするとき，社会的に不利な状況にあっては，人的資本はマイナスしか生み出さないが，豊かな社会関係資本の影響を受けた場合には，プラスの効果を発揮するという（Keeley, 2010）。社会関係資本によって支援された人的資本は，社会的に不利な立場にある人々に教育的価値を与えるという点で意義がある。教育が，共同体とのパートナーシップにおいて協働的な活動を行えば，社会関係資本が機能することになり，その効果が高まる。学校という主体が，地域社会という共同体と協働するというパートナーシップ関係を持つことによって，学校に成果がもたらされるという仮説が生まれるのである。

　また，パットナム（Putnam, R. D）は，学習成果と社会関係資本の間には有意の相関性があるとし，「家族」「主体的市民参加」「労働」「テクノロジー」の4つのキーワードをあげている（Field, 2011）。これを「学校と家庭・地域社会の協働」にあてはめるならば，(1)学校や地域社会と家庭生活や家族とが関わる度合い，(2)市民的活動への参加と関わり，(3)キャリア形成に向けたプログ

ラム，⑷学校・地域の学習情報への期待，などとなる。地域社会と学校の協働化のように，人的資本と社会関係資本の双方を活用する市民的活動は，豊かな人間力を持った地域社会の人々を育成することになる。

おわりに

　人間力の育成は，家庭教育，幼児教育や学校教育に始まるが，社会教育などの教育・学習機会の提供により質・量を高める必要がある。個人の自覚と努力を必要とした上で，社会全体で個人を支える機能を持たねばならない。それが生涯学習社会であるが，Society5.0 と呼ばれるような高度な知識基盤社会においては，必要な知識，技能やコンピテンシーを得る機会の提供が，社会の進歩や経済の成長にとって重要だと考えられている。人的資本とされる個人に内在した知識，スキルやコンピテンシーとその属性が必要ではあるが（Keeley, 2010），加えて知識を創造する人間への投資が重要な条件となる。ここでいう投資とは，人的資本を高める教育力を強め，雇用や健康の確保，地域活動への参加を促進させることである。人間力を構成する人的資本の整備は，さまざまな学習活動を支援していくことになるがゆえに，経済的投資が必要だと考える。

　また，人的資本を活用するには，人間力を構成する社会関係資本の整備が重要である。社会を構成している我々にとって，共同体の維持は不可避的な行為であり，個人や集団の相互信頼性と協力体制に基づく社会的価値が重要となる。その意味で，社会関係資本の形成の第一歩が「学校」における教育活動である。学校には「仲間づくり」という目標があり，別の意味で「チーム学校」という目標もある。互酬的な集団形成において社会関係資本が機能するのである。

　最後に，人間力育成の最深部にあるのは「人間性」の問題だと考えている。これについては『教育フォーラム』第63号で取りあげられ，諸兄の優れた論文が掲載されている。「新しい学習指導要領では，最後の第3の個所に『人間性の涵養』が付加されていることに注目しなくてはならない」（梶田，2019）とある。「人間性」に関わって，筆者は人間力の根底に「善」がなければならないと思っているが，本稿では論じ得なかったことを付記して終わりたい。

**引用参考文献**

Becker, G. S. 佐野陽子訳『人的資本—教育を中心とした理論的・経験的分析—』東洋経済新報社, 1976

Field, J. 矢野裕俊監訳『ソーシャルキャピタルと生涯学習』東信堂, 2011

池田秀男「生涯学習指導者の役割構造と研修システム」『日本生涯教育学会年報第19号』1998

今西幸蔵「地域形成への生涯学習的アプローチ2—住民側の実践者の語りにみるまちづくりのプロセス—」『平成27年度神戸学院大学人文学部研究推進費研究成果報告書』2016

今西幸蔵『協働型社会と地域生涯学習支援』法律文化社, 2018

梶田叡一「人間性の涵養—基礎的ポイントは何か」梶田叡一責任編集・日本人間教育学会編『教育フォーラム63』金子書房, 2019

亀岡雄「OECD PIAAC調査結果の生涯学習政策研究上の意義について」『日本生涯教育学会年報第35号』2014

Keeley, B. 立田慶裕訳『よくわかるヒューマン・キャピタル—知ることがいかに人生を形作るか』明石書店, 2010

Knowles, M. 堀薫夫・三輪建二監訳『成人教育の現代的実践—ペダゴジーからアンドラゴジーへ』鳳書房, 2002

国連環境計画編, 武内和彦監修, 植田和弘・山口臨太郎訳『国連大学 包括的「富」報告書 自然資本・人工資本・人的資本の国際比較』明石書店, 2014

国立教育政策研究所内国際成人力研究会編『成人力とは何か—OECD「国際成人力調査」の背景』明石書店, 2012

人間力戦略研究会『人間力戦略研究会報告書』内閣府, 2003

西岡正子『成長と変容の生涯学習』ミネルヴァ書房, 2014

OECD, 立田慶裕訳『The well-being of nations: The role of human and social capital』OECD, Paris, 2001

特集◎人間力の育成——人間教育をどう進めるか

●

# 体育科教育を通じた
# 人間力の育成

●

## 村上 佳司○むらかみ　けいし

はじめに

　阪神・淡路大震災，中越大震災，東日本大震災と大きな自然災害を受けた際，日本人は「取り乱すことなく（規範意識）」，「辛抱強く耐え（忍耐力）」，「互いに協力し合い（協調性）」，「思いやる心（相手の心を察する想像力）」を持って生き抜く姿が世界に報道された。同様の大災害が他国で発生したなら，暴動や略奪が起きる場合が考えられるが，日本人は粛然とした態度で復興に向けて奮闘した。このことは海外メディアからは，「人類の模範」と称された。

　同様にサッカーの 2018 FIFAワールドカップ ロシア大会決勝トーナメント 1 回戦で日本はベルギーと対戦し先制しながら追いつかれ，後半アディショナルタイムで決勝ゴールを決められ，逆転負けを喫した。しかし，試合終了後，日本が壮絶な逆転負けをしたにも関わらず，日本のサポーターは，気丈にも観客席を清掃したこと，すなわち「リスペクト（尊敬，尊重）」，「奉仕の精神（公共心）」が海外メディアから称賛された。

　一方で東京オリンピック誘致に向けたプレゼンテーションの際に「おもてなし」という言葉が話題となった。「おもてなし」とは，ただ提供するだけの対

応（サービス）とは違い，相手（客側）の期待を上回る気遣いを示す。このように「おもてなし」は見返りを求めず相手に尽くすという，古来より続く「日本らしい精神（公正，正直，自他尊重）」がうかがえる。

このように世界に称賛される「日本人らしさ」とは，「遠大な歴史的背景を負うた，日本人の奥深い民族的人格の具現化された姿」と芳賀綏は述べている（芳賀，2013）。

この「日本人らしさ」は，これまで「日本人として培われた人間力の結集」であり後世まで引き継がなければならないと考えている。しかし，近年，グローバル化が進み多種多様な文化の共存があり，社会の情勢もめまぐるしく変化している。それにより，日本人の気質も世界の変容に影響を受けることは避けられないところであるが，だからこそ，このような時代の中においては，「日本人らしさ」の継承，すなわち「人間力の育成」が求められるのではないだろうか。そのための一助を担うことができるのが学校教育であると考え，このことより学校教育における体育科教育の実践を通じた「人間力の育成」について考察を試みる。

## 1　体育科教育における人間力とは

内閣府に置かれた人間力戦略研究会が2003年4月10日に発表した『人間力戦略研究会報告書　若者に夢と目標を抱かせ，意欲を高める〜信頼と連携の社会システム〜』にある「人間力の構成要素」は，次の通り示されている。

（1）知的能力的要素……………………………………………………………
・「基礎学力」（主に学校教育を通じて修得される基礎的な知的能力）
・「専門的な知識・ノウハウ」を持ち，自らそれを継続的に高めていく力
・「基礎学力」，「専門的な知識・ノウハウ」の上に応用力として構築される「論理的思考力」，「創造力」など

## （2）社会・対人関係力的要素……………………………………………………

・「コミュニケーションスキル」，「リーダーシップ」，「公共心」，「規範意識」
や「他者を尊重し切磋琢磨しながらお互いを高め合う力」など

## （3）自己制御的要素…………………………………………………………

・「知的能力的要素」および「社会・対人関係力的要素」を十分に発揮するた
めの「意欲」，「忍耐力」や「自分らしい生き方や成功を追求する力」など

　また，教育基本法　第1条（教育の目的）には，「教育は，人格の完成を目
指し，平和で民主的な国家及び社会の形成者として必要な資質を備えた心身
ともに健康な国民の育成を期して行われなければならない。」と示されている。
「人格」とは，「人柄」や「人間としてのあり方」などを指す言葉であり，人
間として成長していく過程で，人格も育てられていくと考えられる。したがっ
て，「人格の形成」は「人間の形成」のうちの1つと言える。また，中村敏雄
は，「体育と呼ばれる以上，体育において人格形成を目的とする学習は欠くこ
とができない」と述べている（中村，1987）。

　このことから，人間力を総合的にバランス良く高めること，すなわち「人間
力の育成」を通じて，人格の完成を目指すことが教育に求められており，体育
は，教育の包括概念であることから，教育の目的を達成するためにも，体育に
おいて「人間力の育成」を担う必要がある。

　このことを踏まえると体育科教育は，心豊かな人間像を目標として，児童生
徒に対して「人間力の基盤」が形成されるように働きかける営みである。ここ
に示されている目指す人間像については，友添秀則は，「人間の長い生涯にわ
たってスポーツに主体的・自立的に取り組み，意義深いスポーツライフを実践
し，人間の文化としてのスポーツを不断に創造するために，スポーツや身体活
動の場で，責任ある個人的・社会的行動がとれ，人との違いに理解と配慮を示
すことができ，かつスポーツや身体活動が自尊心を高めたりすることを理解し
ている人である。もちろん，スポーツや身体活動の場で身につけた社会性や道

徳性について理解し，それをもとに日常生活でも道徳的行動や社会的行動がとれるように努力できる人である」と述べている（友添，2009）。

　一方で体育科教育は，歴史をさかのぼると，身体教育として「体育」のみを担う時代もあったが，戦後様々な変遷をたどり今に至っている。現在では，全ての教科において「知識及び技能」「思考力，判断力，表現力等」「学びに向かう力，人間性等」（資質・能力の三つの柱）の育成を重視し改善を図ると学習指導要領に明確に挙げられている。また，「体育」は，「知育」「徳育」に関わる内容も示されており，そのことを踏まえ「生きる力」を育むことが求められている。すなわち，体育科教育においては「知育」「徳育」「体育」のバランスのとれた人格の形成を目指さなければならない。しかしながら，現在の体育科教育は，「知」・「徳」が軽視され「体」を示す身体的形成要素を中心に実践されることで成り立っているのではないかと懸念する。これからの体育科教育は，身体的形成の要素も重視し，「知育」「徳育」「体育」のバランスをとりつつ，先述にある「目指す人物像」に導く指導，すなわち「知育」「徳育」を包括的に踏まえた「人間力の育成」を教科指導の重点項目として置くことが不可欠である。

## 2　日本の子どもたちの現状と体育科教育の特徴

　文部科学省が発表した「平成29年度　児童生徒の問題行動・不登校等生徒指導上の諸課題に関する調査結果について」において，平成29年度の「暴力行為」は，小学校28,315件，中学校28,702件，高等学校6,308件，全体では，63,325件（前年度59,444件）と報告されている。暴力行為には，「対教師暴力」「生徒間暴力」「対人暴力」「器物損壊」があるが，最も多く発生しているのが「生徒間暴力」であり，全体で42,605件（前年度39,484件）発生しており，前年度より増加している。このように全体の暴力行為は増加しており，特に生徒間暴力が著しい。これらの暴力増加の要因として，「自分の感情をコントロールすることの欠如」，「ルールを守る意識やコミュニケーション能力の低下」な

どが考えられる。

　小・中・高，特別支援における「いじめ」の認知件数は，全体で414,378件（前年度323,143件）であり，児童生徒1,000人当たりの認知件数は30.9件と増加傾向にあり，特に小学校の認知件数は，317,121件（前年度237,256件）と急増していることがうかがえる。また，SNS上でのいじめ件数も増加していることも報告されている。他方で小・中学校における不登校児童生徒数は，144,031人（不登校児童生徒の割合1.5％：前年度1.3％）と報告されている。

　近年の社会情勢の影響により，子どもたちの生活環境が変化し続ける中で，子どもたちの「人間力」が年々欠如しつつある。このことからも，これからの時代を担う子どもたちの「人格の形成」に関わる状況は，危機的状況にあることがうかがえる。

　よって学校，家庭，地域が一体となり「人間力の育成」をすることが急務であり，子どもたちの人格の形成に関わる危機的状況を打開することは，社会的課題である。また，課題解決においては，家庭や地域の教育力が低下傾向にあることから，学校教育，特に体育科教育で果たす役割はより一層大きくなっていくと考えられる。

　体育科教育が他の教科と大きく異なるのは，身体を使って学習活動を展開し，技能や知識の習得を目指していく点である。技能の習得・向上を目指す上で，様々な視点から思考し，判断して行動を具現化するプロセスがあり，そのプロセスを通じてコミュニティを形成し，相互理解を深めるなど社会性を重視した学習を展開できることが体育科教育の特徴である。

　また，個人的なスポーツであっても，集団の中で常に相手や仲間との「関わり」，教師と児童生徒との「関わり」がある。他の教科においても同様な関わりは見られるが，特に体育の場合においては，児童生徒の「完成度」や「学習活動」を明確に把握でき，よって教師はこのような場面でいかに支援やアドバイスをすべきか，専門的な理論とこれまでの経験を生かして働きかけられる。そして，児童生徒が懸命に取り組む姿勢を認め，できたことに対して称賛し，その場で一緒に喜び合うことができる。これらのことから「他者への尊

厳」,「相互理解」,「信頼関係の構築」に繋がることも体育科教育の特徴である
と考えている。

さらに体育科教育は，ほとんどの領域・種目で用具を活用して学習活動が行
われており，用具の取り扱いは技能の向上と安全に深く関わっている。また，
用具を大切に使用する気持ちや感謝について学ぶことができる「場」でもある。
このように体育科教育では，児童生徒間，教師と児童生徒，児童生徒と用具な
どの「関わり」を通じて人間力を高めることができる。

平成20年 3 月28日に告示された中学校学習指導要領に「武道の必修化」が
明記された。武道は，「相手を倒すこと」を目的とした武術であり，定められ
た技術（攻撃）を用いて勝負を争う点が他の競技との大きな違いである。また，
武道は「礼に始まり，礼で終わる」という礼法も特徴である。多くのスポーツ
も同様に礼を重視するが，武道においては，先に述べた格闘技的競技性の特徴
から，礼法が重要視されている。そこには，「相手を尊重する態度」と「自己
の感情をコントロールする能力」が求められている。自らを律し，礼儀を守り，
所作を重んじることは，日本の伝統的な考え方と行動の表れであり，これらを
継承することは非常に重要である。

以上のことから体育科教育は，運動集団を媒介とし，技能習熟や技能達成を
目指して，努力，協力，協調，克己，自制，相互理解等の人格を陶冶する契
機を内包した「人格の形成」に欠くことができない貴重な経験を提供できる
「場」であると考えられる。すなわち，「人間力を育成」するためには，体育科
教育が不可欠の存在であると言える。

## 3　体育科教育における人間力育成のための方策

社会の形成者として生き生きと豊かな人生を過ごすためには，人間力を高め
ることが求められている。しかし，前段で述べた現在の子どもたちの特徴は，
「自分の感情をコントロールすることの欠如」「ルールを守る意識やコミュニ
ケーション能力の低下」に加え，「真面目でいることを恥ずかしがる」「夢を持

とうとしない」「努力，向上心，学習持続力（忍耐力，勤勉）の低下」「充実感，達成感，満足感がない」などが挙げられる。このことから，人間力の要素とされている「社会・対人関係力」「自己制御力」の育成が課題であり，「人としての基盤づくり」の在り方を見直さなければならない。

## （1）規範意識の基礎となる自己有用感の向上………………………………………

　原田隆史は，人としての基盤づくりとして，人間の基本的な態度を身につけるには，「態度教育」が重要な役割を果たすと述べ，具体的な実践として「時を守る（時間厳守）」，「場を清める（整理整頓，身だしなみ）」，「礼を正す」を挙げている。すなわち，規範意識が向上することで「心のすさみ」が除去され，前向きな気持ちが持て，自立した人間の育成に繋がると示している（原田，2014）。

　規範意識とは，「集団生活や社会生活におけるきまりやルール，約束などの規範に基づいて，主体的に判断し行動しようとする意識」のことであり，基本的な生活習慣を基盤とし，学校教育において，「きまりを守ること」や「他者との関わりを大切にする」ための具体的な活動を通じて育まれるものと考える。

　体育科教育は，前段に示したように，児童生徒間，教師と児童生徒，児童生徒と用具などの「関わり」を持てる「場」であることが特徴である。このことからスポーツを通じた規範意識の向上が求められ，また，「他者との関わり」を深めることにより，集団の一員としての自覚が芽生え，周囲の人々への感謝の心，他人を助け，思いやる気持ちに発展していくと考えている。

　一方で，現在の子どもたちは，他者と関わろうとする感情は乏しくなっている。このような状態を是正せず「規範意識」だけを身につけさせたところで本質的な課題解決には至らず「人間力の向上」にも繋がらない。人が他者や社会に好意的な感情を抱くのは，自分が相手から「受け入れられている」「認められている」という感覚を抱く体験から始まり，「自分の行動を見てくれている」「自分のために何かをしてくれている」といった他者からの働きかけや他者との交流の「自覚」が基盤となり，他者と関わりたいという思いが生まれる。

また，誰かのために何かをすることを，誇らしく思ったり，喜びに感じたりすることが少ない子どもは，他者との接触や交流から喜びや感謝の気持ちを自覚させる体験が乏しく，他者や社会というものに対する「自覚」が育っていない。

「自分がしたことに感謝されて嬉しかった」「自分は頼りにされている」「みんなから認められている」など，他者と交流することで得られる感情を，滝充は，「自己有用感」と表している（滝，2006）。

体育科教育には，身体を使って学習活動を展開し，様々な視点で思考，判断して行動を具現化するプロセスがある。そのプロセスを通じ他者との交流を深め，喜びや感謝の気持ちを自覚させることにより相互理解を深めていく。つまり，社会性を重視した学習を展開することができる。以上のことから，体育科教育により，子どもが主体的に運動体験を繰り返しながら「自己有用感」を獲得することで自律的な道徳性を育み柔軟な思考力が備わってくる。その上で「規範意識」を育むことにより「人間力の育成」に繋がっていく。

### （2）目標設定と成功体験の醸成 ……………………………………………………

近年では，スマートフォン等の普及による情報化社会となり，幼少期からの人間関係の希薄化が問題となっている。そのため，人との関わりの過程で育まれる「自信」や「自己肯定感」を獲得するための機会が減少している。文部科学省（2016）では，子どもたちの自己肯定感の低さを問題視し「日本の子供たちの自己肯定感が低い現状について」という資料を公開している。この資料では，子どもの自己肯定感を高めるには，何らかの「達成感」や「成功体験」の積み重ねが効果的であると示されている。このことからも「達成感」や「成功体験」を味わうことにより，子どもたちの「自信」や「自己肯定感」を高め「人間力の向上」に繋がると考える。

まずは，自分自身のスポーツに関する現在のスキル，体力などの能力について自己分析を行い現状の把握をする。次に目標設定を行い，自身の現状と目標を比較して，そのギャップを導き出す。そして，目標達成のために計画を立てスモールステップを繰り返し，小さい成功体験を積みながら最終目標に向かっ

ていく。この過程において，初期は，わずかな成長しか感じられない時期が続くが，粘り強い努力を継続することで，その時期を乗り越えれば，大きな成果を実感できる時期が必ずくる。このような成功体験の積み重ねにより「強い意志」「自信」「忍耐力」が育成される。

つまり，教育の有効性を高めるためには，各自の目標設定が重要である。目標と課題遂行の関連性を説明した目標設定理論には，明確かつ具体的な目標や，達成が困難すぎず簡単すぎない適度な目標が動機付けを高めるとされ，また，他者が設定した目標よりも，自身で目標を設定するほうが高くなると記されている（中井，2019）。一方で自ら学ぶ力を育むという視点で注目されている自己調整学習の理論においても，同様に学習者が自ら目標設定をすることの重要性が指摘されている。

目標設定において，自身で目標を設定し，達成に向けて行動しようとする意図を「目標意図」といい，それに対して，「実行意図」は，目標達成に向けて，「いつまでに」「どのように遂行するか」を示す意図である。ここでは，実行意図の形成が重要であり，数値を用いるなど具体的な行動プランを作成することにより，目標達成をすることの可能性が高まることが実証されている。

体育科教育は，子どもたちの主体的，かつ具体的な数値目標の設定がしやすく，小さな成功体験を明確に実感することができる。その結果，目標達成に向け取り組むプロセスを通じて「自信」や「自己肯定感」を高め，「人間力を育む」ことができると考える。

## 4　まとめ

近年の科学技術の目覚ましい発展とともにAIが急速に普及しつつある。そのような状況においても，我々は，自らの身体を自らの意思で動かし，主体的に定めた目標に向かって体育・スポーツ活動に取り組むことができる。そうした活動を通じて成功体験を積み重ねることで達成感を実感することもできる。このことは「人間」ならではの営みであり，決してAIが代行することはでき

ないものである。

　体育科教育は，人間の営みを司る貴重な教科であり「規範意識の基礎となる自己有用感の向上」や「成功体験から得る自信や自己肯定感の醸成」などを通して「人間力の育成」を図ることができる教科であると言える。また，今後，さらにグローバル化が進み多種多様な文化の共存が図られ，社会の情勢の変化が加速することが予想されるが，それに伴い「日本人らしさ」の継承，すなわち「人間力の育成」の重要性がより一層高まることは間違いないであろう。

**参考文献**

Grape「W杯敗退後，ゴミ拾いをする日本人サポーター　海外からリスペクトの声」https://grapee. jp/526111，2018

芳賀綏『日本人らしさの発見―しなやかな（凹型文化）を世界に発信する』大修館書店，2013

原田隆史『仕事も人生も好転させる 夢実現の習慣64』実業之日本社，2014

前林清和「災害と日本人の精神性」『現代社会研究』第2号，2016

文部科学省『日本の子供たちの自己肯定感が低い現状について』2016

文部科学省『平成29年度児童生徒の問題行動・不登校等生徒指導上の諸課題に関する調査結果について』2018

文部科学省『学習指導要領』2019

本村清人『「知」「徳」「体」を育む学校体育・スポーツの力』大修館書店，2016

内閣府人間力戦略研究会『人間力戦略研究会報告書』2003

中井宏「児童の危険回避能力を高める安全教育」『交通安全教育』54巻3号，日本交通安全教育普及協会，2019

中村敏雄「体育とは何か」中村敏雄・高橋建夫編著『体育原理講義』大修館書店，1987

滝充「子どもの規範意識の醸成にどう取り組むか」『別冊教職研修11月号』教育開発研究所，2006

友添秀則『体育の人間形成論』大修館書店，2009

特集◎人間力の育成——人間教育をどう進めるか

●

# スポーツ活動を通じて
# 人間力の育成を

●

杉浦　健○すぎうら　たけし

## はじめに

　人間力という概念を最初に提唱したのは，2003年（平成15年）の内閣府人間力戦略研究会である。その報告書によると，「人間力」とは，「生きる力」の理念をさらに発展させ，具体化したものであり，現実の社会に生き，社会をつくる人間をモデルとし，その資質・能力を「人間力」として考えたものである（内閣府人間力戦略研究会，2003）。この報告書において人間力は，「社会を構成し運営するとともに，自立した一人の人間として力強く生きていくための総合的な力」と定義されてはいるが，その定義は厳密さを求めない，多分にあいまいさを含んだものであり，人間力という用語を導入することによって，「教育とは，何のために，どのような資質・能力を育てようとするのか」というイメージを広げ，さらにそこから具体的な教育環境の構築が始まることをめざしているという。また，「人間力」のモデルは社会の中で生きている「大人」であり，その側面は大きく三つ，「職業生活」「市民生活」「文化生活」に分けて考えられている。第一は，「職業生活」であり，個人が生きる糧となると同時に，経済・社会の維持・発展を基礎から支えるものという側面である。第二は，

「市民生活」という側面であり，民主主義社会の一員として，社会的問題に関心をもち，直接・間接に政治に関わったり，地域活動や市民活動に参加したりすることである。第三は，「文化生活」という側面であり，学校時代に留まることなく，自らの教養・知識・技能を向上させ，文化的活動に関わる意欲と能力をもっていることである。

報告書は，「子どもたちの学習意欲が減退していること」，「就業意識の低い若者が増加していること」，「地域活動や政治参加への無関心が増大していること」などの実態があり，人間力の諸側面において危機的な状況があるにも関わらず，有効な対策が講じられていないと考えている。

さて，筆者は今まで17年間，陸上競技のボランティアコーチとして小学生を対象に指導を行ってきた。その過程で，子どもたちにとって陸上競技クラブがより有意義な活動になるように，いろいろと指導の仕方を変えてきた。そこには筆者なりの指導観の変化があり，その考え方に基づいて指導を行ってきた。指導の仕方を変えてきた一番の原理・理由は子どもの姿であり，子どもがより生き生きと，その力を発揮できるようにしてきたつもりである。そして，その姿がちょうど今回のテーマである「スポーツ活動を通じた人間力の育成」に一定の回答を示していると思われた。本稿では，筆者の見てきた子どもたちの姿を紹介することによって，スポーツ活動で子どもたちがどのような力を伸ばしていくのかを明らかにし，それが結果的にどのように人間力につながっていくのかを示していきたい。

## 1 指導初期

指導は，子どもの通っていた小学校でPTAのボランティア募集があり，そこで陸上競技の指導ができるという登録をしたところ，要請されたことがきっかけであった。その小学校がある市には，テレビ放映もある全市の大きな駅伝大会があり，まずはそこで予選会を突破して参加しようという目標を立て，指導を始めた。たいした指導はしていなかったが（実はこれが大事だと気付いた

のはずっと後だった），力がある子どもがいるなど巡り合わせもよく，思いが
けず指導２年目に出場することができた。学校，子どもたち，保護者の方も喜
び，「夢よ，もう一度」のつもりで指導に力が入るも，むしろ翌年からは指導
がうまくいかなくなっていった。

　子どもたちに「達成する喜び，勝つことの喜び」を感じさせてあげたいと思
いながらも，こちらの思いとはうらはらに，子どもたちにますます自主性，自
律性が無くなっていく感覚があった。コーチばかりががんばって，子どもたち
がついてこない感覚が付きまとい，子どもたちの中にも明らかにやらされ感が
あることが苦しかった。また，良い成績を上げる他チームの規律の取れた指導
を見るにつけ，それができない自分と子どもたちにいら立ちを感じたこともし
ばしばだった。

　これでは持続可能ではない，もっと簡単に言えばとても自分自身続けていけ
ないと思うようになった。また自分自身が好きだったからこそ，子どもたちに
経験してもらいたいと思って始めた陸上競技，もっと言えば走ることの楽しさ
を感じさせられていない，つまりやりたいこととやっていることのギャップを
強く感じるようになり，そもそも何のために陸上競技の指導を行うのかを改め
て深く考えることになった。そこで作ったのが，陸上クラブが何を大事に活動
しているのか，そもそも何のためにあるのかを説明した「陸上クラブのクレ
ド」である。それを子どもたちや保護者の方に配布し，もう一度自分が何を大
切にして陸上競技の指導を行うのかを自分でも明確に認識するようになった。

　少し長いが，本稿のテーマにも直接関係する内容であり，そのまま掲載した
いと思う。

## 2　陸上クラブのクレド

　「クレド」とは，ラテン語で「志（こころざし）」「信条（しんじょう）」「約
束（やくそく）」を意味する言葉です。クレドは，個人や会社が何を一番大切
な原則にして活動するのかを示したものです。陸上クラブがめざすもの，みん

なに大事にしてほしいことを書いていきます。

　陸上クラブのクレドは，陸上クラブのみんなが「自信をもって，これからの人生を社会の中でいろいろな人と協力し合って生きていけるようになること」です。そして「そのために陸上クラブにおいてみんながみんなの力を伸ばすようにお互いに協力し合って自分の力を伸ばしていくこと」を一番大事な行動原則として活動していきます。

　これからみんなは中学，高校，大学と学校で学び，ゆくゆくは社会に出て働くようになります。社会に出てからみんながちゃんとした大人として周りから認められ，自分の力を活かして仕事をおこない，自分の人生をよりよいものにし，周りの人も幸せにする，そんな人生を送ってほしいと思っています。

　私はそのために必要な力の基本を陸上クラブの活動を通して身につけてほしい，経験してほしいと考えています。

　クラブ活動は，仕事ととても似ています。みんなで同じ目標をめざすことでがんばれること，そのためにひとりひとりの努力が必要なこと，がんばるには自信が大事なこと，でもひとりでがんばるだけではだめで仲間と協力することが必要なこと。また人間関係やコミュニケーション能力が大事なこともいっしょです。だからクラブ活動を通して，これからの人生に必要な力をたくさん身につけることができると思うのです。私自身，クラブ活動で生きるために必要な力を多く身につけたと思っています。

　100mを速く走れないからといって，マラソンがおそいからといって，これからの人生を社会の中で生きていけないということはありません。でも100mをちょっとでも速く走ろう，スタミナをつけてマラソンを速くなろうとまじめに努力したことや，みんなで同じ目標に向かってがんばったことは，きっと社会で生きていくための力になると思うのです。またそうやってがんばった結果，自分の力を自分が予想していたよりも伸ばしたり，表彰状をもらったりすることは，これからの人生を生きていく上での自信になると思うのです。小さくてやせていて，足も速くなかった自分が5年生の時，学校のマラソン大会で学年10番になったことは，今でも私の自信のはじまりになっています。

「自信を持ってこれからの人生を社会の中でいろいろな人と協力し合って生きていけるようになること，そのために陸上クラブにおいて，みんながみんなの力を伸ばすようにお互いに協力し合って自分の力を伸ばしていくこと」

陸上クラブの活動はすべてこのクレド（行動原則）にもとづいておこなっていっているつもりです。

陸上クラブはいろいろな大会でよい成績を上げることをめざす会社と考えると，やるべきことがわかりやすいでしょう。みんなはそれぞれの得意分野を生かして自分の力を100％出して良い成績を上げることをめざす社員，コーチはみんなに良い成績を上げてもらうためにアドバイスをおこなうその上司ということになります。

みんなにはそれぞれ得意分野があると思うので，それを伸ばしていきたいと思っています。でも，試合や練習は必ずしも得意種目ばかりではありません。でも会社でも好きな仕事ばかりではなく，いやな仕事でもやらなければいけないこともきっとあるでしょう。

でもそれでもみんなが，やりがいがあると思ってはじめた仕事（陸上クラブ）なのですから，最後まで続けて力をのばしてほしいのです。かんたんにやめたり，いいかげんにやったりしてほしくないのです。

これからみんなはゆくゆく中学，高校へと進学していきますが，進学は転職して，別の会社に行くようなものです。陸上クラブで結果が出なくても，次の会社（次のクラブ，次の学校）でがんばればいいと思います。でも次の会社でちゃんと受け入れてもらえる，社会で生きる人間として基本的なことは陸上クラブを通し，身につけてほしいと思っています。

みんながみんなの力を伸ばすようにお互いに協力し合って自分の力を伸ばしていくこと。このクレドにもとづいてみんなが行動することで，表彰状や優勝などの目標がかなえられると思っています。私ももちろんそのために力をつくしますが，本当に大事なのはみなさんひとりひとりが，このクレドの原則にしたがって動くことです。

社長一人ががんばってもいい成果はあがりません。社員ひとりひとりがみん

なのことを考えることで、いい会社を作っていけるのです。みんながひとりひとり考えることで、いい陸上クラブになるのです。

　ともあれ、まず陸上クラブの最低限の目標は、どんなにへろへろでも、遅刻まみれでも、サボりたおしでも、ふまじめでも最後まで続けることです。私も見捨てません（一時ふまじめな子はやめてもらうようにしましたが、ともだちが次々といなくなったら、やる気もなくなってしまうことでしょう）。長く休んでいたとしても、来てくれたらいつでも歓迎します。最後まで続けることは、社会の中で生きていくための力の根本的な基本だと思います。ちょっといやなことがあったらすぐに仕事をやめてしまうようでは社会の中で生きていくことがどんどん難しくなってしまいます。いやなことや苦労を乗り越えた先に喜びは待っていると思っています。（陸上部最後に打ち上げの焼肉があるのも、最後に焼肉をおいしく食べられるようにがんばって続けようという私のメッセージなのです）。

## 3　クレド以降

　このクレドを作ってから、大きく指導のあり方は変わっていった。まずは練習の参加に関して厳しくすることを無くしていった。それまでも練習に来ない子はいたが、何とか練習に来させようと声掛けなどしていたが（効果はなかった）、ほとんど行わなくなった。またそのような行動にもまして、そういう子に対する心に余裕ができた。またやりたくなったら来るさ、くらいの気持ちを持てるようになった（そうすると、来たりする）。

　また練習においてみんなで同じことをすることが少なくなった。走高跳なり、走幅跳なり、ハードルなり、子どもたちが自由に走ったり、跳べたりするようにしておき、子どもたちは気が向いたらそれぞれ好きな種目をできるようにしている。もちろんみんなで集まって行う練習、例えばみんなでリレーなどをすることもあるが、その時にも、やりたくないという子はやらないでいいようにしている。

　このような変化は「学び合い」の考え方を知ったのも一つのきっかけである。学び合いは，上越教育大学の西川純教授が提唱，推進している授業学習法である。子どもたち同士が学び合って学習を進めるのであるが，その根本は，学び合いが基づく考え方から必然的に導かれたものであるという。橋本（2010）には学び合いの考え方が端的にまとめられているのでそれを示そう。

　　第一は，「学校は，多様な人とおりあいをつけて自らの課題を達成する経験を通して，その有効性を実感し，より多くの人が自分の同僚であることを学ぶ場」であるという学校観です。第二は，「子どもたちは有能である」という子ども観です。第三は，「教師の仕事は，目標の設定，評価，環境の整備で，教授（子どもから見れば学習）は子どもに任せるべきだ」という授業観です。

　この考えを知る前は，もちろん子どもたちの自主性を生かすという思いは持っていながらも，実際はこちらが主導権を握って，子どもたちを動かしていただけで，いわば枠の中での自主性であり，枠にはまらない子は指導対象と考えていた。そうするとそのような枠にはまらない子を指導しなければいけなくなり，無理やりみんなと同じことをやらせるといった，自主性など程遠い状況になっていった。そもそもきっと楽しいだろうと思って指導をしようと思っていた陸上競技であり，走ることであったにもかかわらず，やりたくないと言っている子にやらせるのは，そもそも自分がしたいと思うことではないという矛盾する状況が生まれてきていた。

　それが学び合いの考え方を知ってから，最終的に子どもたちが自分のやりたいという気持ちと周りの助けに基づいて，それぞれのペースで自分の力，直接的には速く走れるようになること，間接的にはクレドで述べたような，将来に生きる力，を伸ばしてくれたらいいと考えるようになり，子どもたちの指導にずいぶん余裕を持てるようになった。子どもたちがやりたい，走りたいという気持ちを待てるようになり，それによって強制ではなく，子どもたちが自分か

ら動き出せるようになった。

　そのようにクレドに基づいてゆとりと抜け道，すきまのあるトレーニングをさらに推し進めていく過程で，練習と練習のあいまに遊びの時間を多く取るようになった。

　この遊びの時間での子どもたちの様子が非常に興味深い。ハンドベースボールが始まる，ドッジボールが始まる，ラグビーワールドカップを見てラグビーの真似事が始まるなど，自分たちで仲間を集めてさまざまな遊びが生まれてくる。1年生から6年生まで在籍しているクラブなので，異年齢でもできるようななんとなくのルールが定まり，体力がずいぶん違う子たちも一緒にプレイすることができていたりする。

　各種目の指導でも，当初とはずいぶん教え方が変わってきている。例えば技術指導が必要な走高跳や走幅跳をするときにも，かつては懇切丁寧にコツを教えようとしていたが，今では指導は本当に最小限であり，基本的には自分で勝手に練習できるようにしている。むしろわざと跳んでいるところをみないくらいにしている（横目で見たりしているのだが）。うまく跳べないときにいろいろ口を出して指導をしていると，こちらが指導すればするほど，子どもたちが萎縮する感じがあったためである。

## 4　スポーツと遊びを通した人間力の育成

　中教審初等中等教育分科会教育課程部会（平成18年1月31日）（第36回）配付資料「人間力の育成」では，人間力は，「主体性・自律性（例）自己理解（自尊）・自己責任（自律），健康増進，意思決定，将来設計」「自己と他者との関係（例）協調性・責任感，感性・表現，人間関係形成」「個人と社会との関係（例）責任・権利・勤労，社会・文化・自然理解，言語・情報活用，知識・技術活用，課題発見・解決」などの要素に整理することができるのではないかと考えられている。

　陸上クラブのクレドに基づいた指導を始めて後，陸上クラブでスポーツと遊

びの場と時間を提供する中で，例えば走高跳が思うとおりに跳べないとき，ひたすら次は跳べるようにと繰り返し跳躍している姿や，遊びの提案をし，友達を集め，遊んでいる姿を見ていると，結果的に彼らの人間力が鍛えられているように思われる。それは自律性，能動性だったり，また遊びの中で見られる周りを見る目だったり，けんかせずにやっていく協調性だったり，逆にけんかをしたときに，その対立を解消するための調整力だったりと，上記の人間力の要素にあるような，将来的に生きて働くために必要な力を自然と身につけていっているように思われる。

　そして，これらの人間力は筆者がコーチとして指導をしなくても，そのような力が発揮される場と時間さえ提供してあげたら，子どもたちは（もちろんそれほど洗練されたものではないが）それなりに身につけることができるに違いないと確信している。

　それではなぜ子どもたちはこのような状況の中で，大枠としては人間力とでも言えるような力を身につけることができている，そこまでは言わなくても人間力を発揮することができているのだろうか。

　その理由の一つは，今の陸上クラブに遊びの力，自律性と社会性を発揮できる場所ができていることである。現在の状況を鑑みるに，人間力の発揮・育成には陸上競技に取り組むことやそのトレーニング自体よりも，実は遊びの役割が非常に大きいように感じる。この陸上クラブでは，陸上競技のトレーニングといいながら，むしろ遊びの要素が大きいトレーニングをしている。陸上競技のトレーニングを装いながら，遊びを促していると言ってもいいくらいである。またできるだけやりたいと思うことを尊重しており，自分でやりたいトレーニングがあればできるだけ認めるようにしている。それが主体性や自律性を子どもたちに発揮させているように思われる。

　さらには幸いなことに所属する部員も多く，多くの人たちと接する中でどうふるまえばいいのか，どう折り合いをつけながら自分の願いをかなえていくかなど，社会の中で大人が生きて行っていることと同じことを子どもたちは遊びの中で行っているように思われる。

すでに述べたように，陸上クラブのクレドは，学び合いの考え方に大きな影響を受けている。学び合いにおいては，教師は教えない，指導しないという姿勢を徹底する。なぜなら，学び合いでは教室は教師が子どもに指導をする場所というよりは，子どもたち自身が共同で学びを行う小さな社会であり，そこで子どもたちは「多様な人とおりあいをつけて自らの課題を達成する経験を通して，その有効性を実感し，より多くの人が自分の同僚であることを学ぶ」ことを目指すからである（橋本，2010）。

筆者の行ってきた陸上競技の指導も，結果的に陸上競技と遊びを通して小さな社会を作り，そこで子どもたちは人間力としての「社会を構成し運営するとともに，自立した一人の人間として力強く生きていくための総合的な力」の基礎を身につけるための経験をしていたといえるのではないだろうか。そこには人間力のモデルたる大人が生きている「職業生活」「市民生活」「文化生活」と類似する子どもたちの生活があるように思われる（筆者は子どもの仕事は遊ぶことだと思ってもいる）。

結局子どもの自律性を育てるには子どもが自律性を発揮できる場を作ることが必要であり，社会の中で生きていく力を育てるには，たとえ小さなものでも子どもが生きる社会を作ることが必要なのだと思われる。

このことは逆に言えば，教師やコーチが教えすぎたり，指導しすぎたりすることで主体性や自律性を生かせないことが，人間力を発揮し，身につけることを妨げているかもしれないということを推測させる。

筆者が一つ危惧しているのが，スポーツも勝つため，強くなるためにシステマチックになりすぎると，人間力を鍛える力が弱まるのではないかということである。かつてある少年野球の練習を見ていた時，かなり高度な作戦を教えられているのだけれど，それを十分に理解できず右往左往している子どもたちを見た。それと対比して，陸上クラブの子どもたちは，遊びの中で草野球に興じており，自分たちで小さな子でも参加できるルールをも作り出していた。両者を比較して，果たしてどちらが人間力を鍛えられているのであろうか。

人間力が発揮されていると思われる二つ目の理由は，陸上クラブが，クレド

によって明確な目的に基づいて指導方針が定まっており，そのクレドがちょうど人間力を育成するものになっていたからということである。これは必ずしも人間力に限ったことではないのだが，スポーツ指導の際に，その指導哲学，つまり何のためにスポーツをするのかという根本的な目的がスポーツから得られるものを大きく左右するのである。

## 5　スポーツ活動を通じた人間力の育成

　人間力が定義されたのは，教育とは，何のために，どのような資質・能力を育てようとするのかというイメージを広げ，さらにそこから具体的な教育環境の構築が始まることをめざすからであった（内閣府人間力戦略研究会，2003）。

　それでは筆者のつたない指導経験から具体的な教育環境の構築のために何が大切だと言えるだろうか。これまでの指導経験を振り返るに，スポーツに限らず，子どもたちが他者との人間関係を取り結びながら，自律的にふるまえる，いかに自由で大きな枠組みを作るかが人間力の育成の肝ではないかと考えている。そしてその大きな枠組みのひとつとしてルールのあるスポーツの場が適しているのではないかと思われる。ただし，スポーツといわず，授業といわず，教えすぎると，指導しすぎると，子どもたちは自律性を失い，人間力を発揮し，人間力を身につける機会を失っていくだろう。人間力を育成するためには，その力を必要とする場と時間を子どもたちに提供することが最も重要なことなのである。

　そして何よりも，上記のような状況を，人間力を育成するという明確な哲学に基づいて作り上げることである。結局，スポーツに限らずどんな活動も，明確な目的意識に基づいて行われることで，その目的を果たすための活動になりうるのである。ただし，それは指導する立場の者が鋳型を作って，子どもたちをその通りに作り上げていくというものではなく，人間力を育成するという明確な目的意識，すなわち哲学に基づいて場と時間を与えることで，子どもたちが自然とそのような力を身につけていくものでなければならないと考える。

　さてちょうどこの原稿を書いている間にラグビーのワールドカップが行われている。日本チームが快進撃をしているという欲目もあるだろうが，彼らがラグビーというスポーツの枠組みの中で鍛えた人間力が自然と発揮されていると感じるのは筆者だけであろうか。

**参考文献**

中教審　初等中等教育分科会教育課程部会（平成18年1月31日）（第36回）配付資料「人間力の育成」，
　2006（http://www.mext.go.jp/b_menu/shingi/chukyo/chukyo3/004/siryo/attach/1396932.htm）
　2019年10月17日参照

橋本恵美子　『学び合い』の3つのルールを押さえよう　西川　純編　『学び合い』スタートブック
　学陽書房，P.42−43，2010

内閣府人間力戦略研究会　人間力戦略研究会報告書 若者に夢と目標を抱かせ，意欲を高める　〜信頼
　と連携の社会システム〜，2003（https://www5.cao.go.jp/keizai1/2004/ningenryoku/0410houkoku.
　pdf#search=%27%E4%BA%BA%E9%96%93%E5%8A%9B+%E5%86%85%E9%96%A3%E5%BA%
　9C%27）2019年10月17日参照

特集◎人間力の育成——人間教育をどう進めるか

●

# 大学の講義「人間力概論」で語りかけていること

●

## 比嘉　悟○ひが　さとる

はじめに

　芦屋大学の建学の精神は「人それぞれに天職に生きる」である。現在，私は，高等学校教員37年，大学教員９年，計46年目の教員生活を過ごし，教員を天職と思い学生と接している。高校教員時代から，教え子を「社会に出て通用し，貢献できる人に育てる」という信念を持ち，見える学力（点数で計る）も大切だが，見えない学力（コミュニケーション，挨拶，自主性，協調性など）も培うことが必要だと語りかけてきた。

　大学で教育を始めても，見える学力に価値をおき，点数で評価する風潮に流され人間形成にひずみが生じ，自信を失っている学生の存在が気になっていた。一方，見える学力を備えている学生も人間力が不足している人が多くみられた。そこで大学教育でも，同じように「人間力」の基礎や磨き方を伝え，人格を高め豊かな人生を送れるよう，「人間力概論」を設定して５年を迎える。現在の私の教育信念である，「人は輝くために生まれてきた」「人の能力は限りがない」「人はどこからでも変われる」また，教育者として，「教えると

104

は学ぶこと」「教えるとは希望を語ること，学ぶとは誠実を刻むこと」(アラゴン，1972) を心の根底に据えている。そして，燃えるような情熱で，一人ひとりの心に，灯を燈すことができるよう，学生たちに語りかけている。

## 1　授業のスタイルを変革する

　興味関心を持ち，自ら学ぶ姿勢を喚起するような分かりやすい講義を目指して，次のような工夫をしている。

(1)　準備が80％。

(2)　生きた材料を用意，自分が感動した直近のものが伝わりやすい。

(3)　毎時間，授業スタイルを変え，興味関心を誘い集中させる。

(4)　講義の中で養成する人間力。

　　情報を鵜呑みにせず，自分の目や体験を通し「判断する力」を学ぶ。また，「聴く力」を養い，正しい「情報」を見定め，さらに，「考える力」を通し，「書く力」を養うとともに，独自性のある「思考力」を培う。最終的には，他人の考え方も学び，違いを認め，互いに「共有する力」を尊び，社会に貢献できる「人間力」を身につける。

(5)　授業スタイルを変化させる。

　　①　パワーポイント　②　テレビ出演のDVD，ラジオ出演のカセット　④　比嘉紹介DVD　⑤　卒業式，入学式式辞の映像　⑤　板書は時々，事前に筆で書き準備したものを黒板に貼り変化をつける。

(6)　資料は，直近の出来事などを取り上げ，紙媒体や動画，音源などを使用。

(7)　講義の姿勢。

　　言葉を大切に，具体例を多く用いゆっくり話す。褒めるところは褒め，私語は注意し，居眠りは起こし，決して傍観しない。

(8)　レポートを大切にする。

　　講義後に感想，教員への評価，自己評価を書いて提出させ，レポート全てに目を通し，良いレポートを抜粋し次回紹介。他者の考えも学ばせた。

## 2　各回のテーマの狙いと学生の反応（講義で伝えたいこと）

### 1回目　テーマ：受講者と信頼関係を築く……………………………………

　「人は生涯をかけて自分という人間を完成させていく修養の道程である」という言葉（藤尾，2015）を引用し，一人ひとりを大切にするという想いを込め，学生の氏名とこの一文を書いて手渡した。授業開始前に「挨拶」の意味を「心を開いて相手に近づくこと」だと説明し，「始めます，よろしく」と言葉をかけ，コミュニケーションをとりながら授業を進めた。

◆学生の反応

　あえて自筆手渡しだというところに気づき，感謝を伝えてくれたり，この大学での4年間を「修養」だという意識で頑張ろうと思った，勉強が全てではなく，人間性を大切にする大学だと思った，など学生に響いた部分が実感できたりして，初回の講義目標であった，学生との信頼関係の構築を始めることができた。

### 2回目　テーマ：人間力の一般的定義及び，担当者（比嘉）が考える人間力の定義について説明……………………………………………………

　内閣府人間力戦略研究会がうたっている人間力の定義や経済産業省が示している社会人基礎力の説明をした上で，自身が考える人間力を語った。自分と違う考え方の人を認め，互いに協力して生きることが，人間らしく生きること，すなわち人間力である。具体的には，「脳は「生きたい」「知りたい」仲間になりたい」という本能に根ざして存在しています。自分と違う人を拒絶すること，自分さえよければ良いのだと思うことを脳は本質的には求めていない」（林，2009）という言葉を引用し，熱く語りかけた。

◆学生の反応

　人間らしく生きることが人間力ということを理解できた。また，他人の考えを学ぶことは自分にはなかったが，今日の授業で気づき，自分の考えに他人の

考えをプラスすると無限大の力になる，というような趣旨の嬉しい感想があった。

## 3回目　テーマ：担当者（比嘉）の「教育論」について……………………………

これまで筆者自身が培ってきた，教育について簡潔に説明した。「人は輝くために生まれてきた」「人はどこからでも変われる」「人の能力は限りない」そして，教える側の姿勢について「教えることは学ぶこと」など，これまで体験してきた具体的な事例を挙げ，分かりやすく説明した。

◆学生の反応

「人はどこからでも変わることができる」という言葉が印象に残った。教員はしっかりした教育哲学を持ち，指導にあたり，一人ひとりの心に灯を燈せることが必要だと理解できたといったような反応が多く，特に教職を目指す学生はぜひ心に留めてほしいと感じた。

## 4回目　テーマ：卒業生から学ぶ人間性………………………………………

現在，社会で活躍し，社会に貢献している本学の卒業生19名を取り上げた。中には，中学・高校時代成績も素行も悪かったが，大学で奮起し現役で中学校教員採用試験に合格し，現任校の校長から生徒想いの先生だと評価を受けている卒業生もいる。また，高校時代不登校だったが，ゼミの教授の指導の下，論文大会で学長賞を受賞，現在，優良な企業で頑張っている卒業生のことを伝え，このような先輩の生きざまを学んでほしいと熱く語った。

◆学生の反応

中学，高校でどのような経験をしても，本人の努力と夢を持ち続ければ，望みは叶うと思った，というような趣旨の感想が多かった。本講義の狙いを理解してくれている学生が多く，身近な卒業生という対象を紹介することでより学生が自分の姿を投影しやすかったのではないかと思う。

## 5回目：テーマ「1リットルの涙」映画鑑賞

一人の若い女性が中学校の時に発症した難病と闘った実話を記した書籍で，映画やテレビドラマにもなった。映画を見て，感性，考える力，生きる力，家族の絆などの人間性を培ってほしいと語った。

◆学生の反応

重い病気に負けずけなげに生きている姿に感動し，家族，先生，近隣の人が励ます姿に深い絆を感じた，障害を持つ人の気持ちが分かった，映画鑑賞で五感の一部が鍛えられたと思うなど，今までの講義とは段違いの学生の反応があった。やはり感動は，人の心を動かし，たくさんの反応を呼び起こすのだと感じた。

## 6回目：テーマ：人間力「考える力」の育成について

「アインシュタインは，学業では必ずしもよい成績を修めることができませんでした。しかし，彼には本当の意味での「考える力」があったのです。また，普通の人なら諦めてしまうような困難な状況に直面しても，決して諦めませんでした。「学業成績」と「考える力」。この二つは似て非なるものなのです。」（上田，2013）という文章を引用して説明した。

◆学生の反応

アイシュタインのような偉い人でも，特別の才能が無くても，諦めずに，一つのことを取り組んでいけば，どんなことでもできるようになるということを知り，私も頑張りたいという趣旨の感想が多く，学生たちが自らの可能性を見出せるきっかけになったのではないかと思う。

## 7回目　テーマ：「師」の人間力に学ぶ

極貧家庭で育ち，最終学歴が小学校卒業だった母。痛い足を引きずりながら75歳まで，肉体労働をしながら，5人の子どもを育て，うち3人を学校の先生に育て上げた筆者自身の母を「師」と紹介し，人は学歴で決めるものではなく，学歴がなくとも豊かな人間力で立派な子育てができたと伝えた。母の生き様を

学生たちに分かってもらうため，母が亡くなり葬儀に間に合わなかった際に兄に頼み棺桶に入れてもらった母宛ての手紙も紹介した。

◆学生の反応

　母親の価値は，学歴で決めるものではなく，人間力で決めるのだといった反応があり，私の語った想いをよく理解してくれたと感心した。また，本講義で母の有り難さが伝わり，母に感謝の気持ちを伝えたいという趣旨の感想が多数あった。家族の絆が深まることを期待したい。

## 8回目　テーマ：「逆境」に生きた人から学ぶ

　「奇跡のシュート」というDVDを上映。中学校時代バスケットボール部のスーパースターだった主人公が，高校入学前に難病で倒れるが，緊急手術を受け一命をとりとめ，懸命のリハビリで言語障害や麻痺を乗り越え，復帰を果たす物語である。

　また，ラジオ番組で筆者自身が教え子のことを語った音源を流す。バスケットボール部の送別会で，3年生のK君だけは，後輩に贈る言葉で，練習はきついということは言わず，彼が喘息持ちだったことや，素人で入部し，毎回レフリー役で，試合前夜は，「明日はユニホームの汗が，試合に出た汗であるように」とお祈りをして寝たという内容の話をした。試合に出られなくても文句も言わず，黙々と役割を果たす謙虚さは，年齢には関係なく，若くてもつらい体験を乗り越えた人が学べるということを伝えたかった。

◆学生の反応

　逆境でも諦めずに頑張り続けることが大事だと思った。また，K君の試合前日の夜に，お祈りをするということが，切なく，また愚痴も言わずに，みんなのためにレフリーをしていることに謙虚さを学んだ，という趣旨の感想が多かった。今後学生が，その心を生活に活かしてほしいと思う。

## 9回目　テーマ：読書から学ぶ人間性

　筆者自身が読書で得たことについて語る。知性が磨かれ，物事が多面的に見

られるようになり精神的にも充実し自信がついた。本を通して他者の考えや生き方を学び，感性が豊かになり創造力も身についた。読書により過去４度も人生の危機を乗り切れた。１冊の本を読み，自信がつき劇的に行動が変わった教え子の生き様も紹介した。

◆学生の反応

　教養について，私の独自の見解，「判断をする時に役立つと知った」ということを理解してくれる学生がいたのは嬉しかった。また，自分が会えない人でも，本を読めば，その人の考えを知ることができると思った，という趣旨の感想も的確に本講義の本質を理解してくれていると感じた。

## 10回目　テーマ：不屈の精神で闘う「人間力」を学ぶ …………………………

　不屈の精神で闘う人の新聞記事を配布。その記事を読ませ，まず，書いている意味を理解するため簡潔に要旨をまとめさせた。自分の言葉でまとめることが読解力をつける方法と捉え実施した。

◆学生の反応

　今回の授業で人間力のある人がどのような人か分かった。また，不屈の精神で闘っている人の人間力は，周りの人を動かす力や影響力もあるのではないかという趣旨の感想があった。講義だけでは伝えきれないことを，新聞記事などを用いて読み込み，自身でまとめることで，より身近に，自身にも置き換え捉えられていることに意義があったと思う。

## 11回目　テーマ：チーム人間力を学ぶ …………………………………………

　チーム人間力を理解してもらうため，33回全国優勝をしている秋田県立能代工業高等学校バスケットボール部の日常生活も含めたビデオを上映。

◆学生の反応

　チーム力の大切さがはっきり分かった。チームの強さは，人間力と組織力で決まると考えている。また，強いチームは心から鍛えられている，という反応が多かった。言葉も大切だが，チーム力の理解は，やはり，映像の方が分かり

やすいということがうかがえた。

## 12回　テーマ：ゲストティーチャーから学ぶ「人間力」……………………

　教え子でもある遺品整理業の日本の第一人者，横尾将臣氏を招聘し，孤独死とその現状について学ぶ。孤独死はセルフネグレクト状態になっている高齢者に多い。住環境や生活環境を改善する「福祉整理」の重要性を訴え，孤独死を防止するために，各地や大学で講演している。

◆学生の反応

　横尾さん出演のTV番組を見たという感想も多数あった。「遺品整理」という仕事は本当に大変で，遺品整理は，亡くなった方も一緒に整理することだという的確な意見もあり，学生の人間力の理解と蓄積が進んでいることを実感するとともに，筆者自身への気づきにもなった。

## 13回目　テーマ：生徒を指導している中で学んだこと

　ゲストティーチャーの坂本涼子先生は，レスリングの元世界チャンピオンで，現在は，中高生を指導され，日本だけでなく，世界的な選手を育てている。その指導力の中にある人間性を学んでほしいと語りかけた。

◆学生の反応

　最終目的のために目標の細分化，段階的に指導することに共感した。レスリングだけでなく，一般の生活にも同じことが言える。また，坂本涼子先生の生き様に学ぶことが多いといった反応があり，学びを自身の生活に落とし込めているところにも成長を感じた。

## 14回目　テーマ「68歳のぶれない心」から学んでほしいこと ………………

　筆者自身のぶれない心を32項目の短文にまとめた。小学校で沖縄の人間だということで謂われない差別を受けたことや，大学の部活動で前近代的な組織で過酷な体験をしたことなど，つらく厳しい体験を乗り越えて人間的に成長することができたと力説した。

◆学生の反応

　ぶれない心，芯のある，信念を持っている人になりたいと思った。これから
いろいろなことがあると思うが，人間力のある教員になるために，教育観，人
との関わり方においてもぶれずに，もっと，成長していこうと思った。入学し
て間もないが，大学に来てよかったという趣旨の反応もあった。

## 15回目　テーマ：授業を終えての総括

皆さんへの最後のレター　　　学長　比嘉　悟……………………………………

　人間力概論を通して，今，想うこと「ありがとう」　2019年7月22日

　4月8日に第1回目の授業を開催しました。最初の印象は，誰一人私語もな
く，先生の話を真剣に顔を見て聴いてくれて，過去5年の中で，1番良い印象
を受けました。それを受け，みなさんが意欲，関心を持ち自主的に授業に臨め
るよう準備は，万端に整え，「同じ授業はしない」と心に決め臨みました。日
常生活の中に講義で使えるものはないかとアンテナを張り，日々自身が出会う
方々とお話する中で，学生にも伝えられることはないかと，今まで以上に耳を
澄まし，心に留めておくように努めました。自分自身が感動，感激したことを
皆さんにも伝えようと考えたからです。（…中略…）体調にも気をつけ万全に
し，そうして臨むと良い雰囲気で授業を進めることができました。その一番の
表れが，皆さんの多種多様な考えや観点から書かれたレポートの増加でした。
そこで決断し，できるだけ多く，君たちの生の声を届けたいと，レポートをま
とめ，次回の授業で紹介する工夫をすると，君たちの反応がさらによく，他
の学生のレポートを読み，その感想も書いてくれました。「違いを認めて，他
者の考えを学ぼうとする」趣旨の文章が多くなり，分量も増加。正直言って，
先生も10ページ以上にもなるレポートをまとめるのは，しんどかったですが，
皆さんの喜ぶ表情をみると疲れも吹っ飛びました（笑）。試行錯誤を繰り返し
ての講義でしたが，共感してくれる文章も多くあり，次の授業の活力にする
ことができました。このように15回，皆さんと一緒に，意欲的，自主的に参
加できる授業を創るため，努力してきたことが，自分自身を鍛えることにもつ

ながりました。現在の心境は,「ありがとうございました」と君たちに言える晴々とした気持ちです。(…後略…)

◆学生の反応

　学長が授業をしてくれる学校は珍しい,こんな素晴らしいことはないという反応。ゲストティーチャーなど,授業をして教えているのは一人であるが,学生も一緒に授業をしていると実感できるという意見。テーマは一つなのに,一人ひとり違った感想があり,学ぶことが多かったというような感想も見られた。本当に15回の講義内容を真摯に捉えてくれている学生が多く,教えるものとしては,教えたことがまっすぐに学生に響き,それを学び吸収してくれていると実感でき,今後の活力につながっている。

まとめ

　全15回の講義終了後のテストの結果は,受験者217名で全員60点以上,内,90点以上が7割近くあった。単純にこの数字だけでは測れないものがあるが,一定の評価はできると考えている。さらに,当初の授業で向上を目標とした4つの力,「読む,書く,考える,聴く」もかなり養われた。書く力は,レポートで判断できる。書く力は,聴く力と考える力がなければ書けない。テストでは,大多数の学生が論旨も綿密で分量のある解答をしており,学んだ成果が証明されている。また,学生のレポートをまとめ,配布したことで,互いの意見に賛否を重ねて違いを認め,共有するようになった。学内においては,この5年間で人間力概論を中心に,人間力の養成に全学的に取り組んできたことが,成果となり現れてきた。教員採用試験合格率は上昇しており,その他,大手企業,公務員,プロ野球選手など,それぞれ天職を見つけ,多方面で活躍,社会に貢献している。また,通学中での学生の行動,振る舞いや,来客者への学生の応対についてもお褒めの言葉などをいただくことがしばしばあり,学生の人間力の向上を実感している。さらに,きめ細かい指導を行い,卒業時には芦屋大学に来てよかったという満足度100％を目指していきたい。

**引用文献**

林成之『脳に悪い７つの習慣』幻冬舎，2009，pp.181-182

上田正仁『「考える力」の鍛え方』ブックマン，2013，p.17

藤尾秀昭『小さな修養論』致知出版，2015

ルイ・アラゴン『アラゴン選集Ⅱ』飯塚書店，1972，p.151


**参考文献**

梶田叡一責任編集・人間教育研究協議会編『教育フォーラム64　学びに向かう力─学習活動を支える　情意的基盤』金子書房，2019

梶田叡一『教師力の再興─使命感と指導力を』文溪堂，2017

特集◎人間力の育成──人間教育をどう進めるか

●

# 人間力の育ちをどう評価するか

人間性の涵養を学びと人生や社会に生かそうとするために

●

## 古川　治〇ふるかわ　おさむ

はじめに

　テーマは「人間力の育ちをどう評価するか」である。述べるべき内容は新学習指導要領が求める資質・能力の三つの柱の一つに新しく設定された「人間性の涵養」をどう評価するかであるが，所与のテーマが「人間力の育ちの評価」である以上，はじめに「人間力」という概念の持つ問題点を整理した上で，「人間性の涵養」の評価の考え方について述べたい。

　「人間力」という言葉が流行したのは2002年であった。2002年に，内閣府の「経済財政諮問会議」の会長が諮問したのが「経済財政運営と構造改革に関する基本方針2002」であり，答申されたのが人間力戦略研究会報告書である。「人間力戦略研究会」は市川伸一（東京大学）が座長を務め，『人間力戦略研究会報告書　若者に夢と目標を抱かせ，意欲を高める〜信頼と連携の社会システム〜』を答申した。2003年の『報告書』の冒頭で，人間力とは「社会を構成し運営するとともに，自立した一人の人間として力強く生きていくための総合的な力」と定義し，具体的には①基礎学力，「専門的な知識・ノウハウ」などの知的能力的要素，②「コミュニケーションスキル」，「公共心」，「規範意識」

（社会・対人関係力的要素），③「意欲」，「忍耐力」，「自分らしい生き方や成功を追求する力」などの自己制御的要素等を高めていくことが人間力を高めることと規定した（内閣府人間力戦略研究会，2003）。この「人間力」という行政的用語の流行に対しては，これまでの「人間性」，「人格」「人間味」という用語と違い，人間を包み込む豊かな多様な表現と異なっていて，あたかもそのような個別の力が存在するかのようだという批判もあり，流行は収まった。

# 1 戦後カリキュラムにおける人間性の位置づけの変遷

## （1）戦後教育における「人間性」を学習指導要領に見る………………………

　戦後の教育は，一貫して「人間教育」を教育目的に掲げカリキュラム化されてきた。その代表的なものは，教育理念としての教育基本法の「人格の完成」である。教育基本法第1条では「教育は，人格の完成を目指し，平和で民主的な国家及び社会の形成者として必要な資質を備えた心身ともに健康な国民の育成を期して行われなければならない」という教育目的を掲げた。教育基本法成立経過を見てみると，文部省は「真理と平和を希求する人間」，「正義を愛する人間」，「個人の尊厳」という価値観に基づく人間教育を求め，子どもたちの可能性を花開かせることを目的とし作成した。成立経過を見ると，原案では法律用語としての「人格の完成」が教育刷新委員会に提言されたが，保守派の天野貞祐が「個人の完成に重きを置くと，自分自身のためということになる」と反対し，進歩派の務台理作は「個人の自由というものを尊重する精神が教育の基盤になければならないので人間性の開発」がよいと主張したが，最終的に個人の完成を主たる内容とする倫理的な「人格の完成」という表現に落ち着いた。「人格の完成」という教育の方針はつまるところ，一人ひとりの持てる潜在的な可能性の全面的な開花，つまり自己実現を図る「人間教育」ということができる。

　次に，「個性の伸長」など人格形成を掲げたのが1958（昭和33）年の学習指導要領である。「道徳教育」の特設化においては「道徳教育」の目的・内容で

は，「個性の伸長，創造的な生活態度」等人格形成の項目を含みつつも，全体としては国家・社会に適応していくためのナショナリズム色の濃い戦前の「修身」を思い起こさせる道徳教育が目指された。

　1967（昭和42）年には，「人間的統一と調和」の学習指導要領が提案された。改訂の背景には，非行問題の多発，受験競争の激化や知識・技能に偏りがちな1960年代の高度経済成長や，それを支える人材育成を目指した学校教育の是正を文部省が目指したことがあった。しかし，「教育の現代化」が推進され，「人間的調和」の教育は学校現場では注目されなかった。

　「落ちこぼれ問題」の解決を求められた文部省は，1977（昭和52）年の学習指導要領で，「ゆとりのある充実した学校生活」の方針を掲げた。1976年の教育課程審議会答申の「教育の人間化」の方針を受け，「知・徳・体の調和のとれた人間性の育成」で「ゆとりのある充実した学校生活」の方針で「学校裁量の時間」（ゆとりの時間）を設定し，創造的で体験的な活動を導入した。しかし，結果として，学びをゆとりを持ってじっくりと創造的に自主的に学ぶ主体的な教育活動の展開までには至らなかった。

　1989（平成元）年に文部省は，「心豊かな人間の育成」を柱として学習指導要領を改訂した。1970年代後半以降，全国的に中学校，高等学校で校内暴力が，そして1980年代初頭には校内暴力の鎮静化に伴い，不登校・いじめ問題（いじめ問題の第一の波）が顕在化し，「ゆとり教育」では対応できない状況を迎えた。文部省は1989年学習指導要領では，「心豊かな人間の育成」，「自己教育力の育成」，「基礎・基本の重視と個性教育の推進」等を改訂の方針とした。

　さらに，1997（平成9）年学習要領指導は，21世紀社会を迎えて「たくましく生きる」ことをテーマに「知の総合化」を図るため「総合的な学習の時間」を創設した。「この時間が自ら学び，自ら考える力など『生きる力』を育むことを目指す教育課程の基準の改善を実現する役割を担うもの」で，「国際化や情報化をはじめ社会の変化に主体的に対応できる資質や能力を育成するために教科等の枠を越えた横断的・総合的な学習を実施するため」であると体験活動を土台にした総合的な学習の重要性について趣旨説明した。しかし，結果は

「体験活動を土台にし，主体的に対応できる資質や能力を育成する」までには至らず，2008年の学習指導要領では改訂の対象になった。

　さて，文部省は指導要領に「人間性」を位置付けたことに伴って，「人間性」の実現状況を見取る観点として指導要録の改訂ごとにいくつかの観点を設定してきた。例えば，1955年には「行動の記録」欄，「所見」欄（個人内評価）を新設した。1961年には「所見」欄に「進歩の状況」欄，「行動及び性格の記録」欄（文章記述）を新設した。1971年には「特別活動の記録」欄（文章評価），1980年には学習の評価欄に「関心・態度」の評価観点が設けられ，1991年には情意的学力の学習評価観点として「関心・意欲・態度」の設定に発展した。2001年には「総合所見及び指導上参考となる諸事項」欄が新設され個性や生きる力などを個人内評価（文章記述）することになった。さらに，2010年には「特別活動の記録」欄に学校独自の評価観点を創設することが可能になった。このように，人間性を「行動の記録」，「所見」，「行動及び性格の記録」，「特別活動の記録」，「総合所見及び指導上参考となる諸事項」欄等々創設し，個人内評価（文章記述）で見取る努力もされてきた（評価方法は文章表記以外に○，＋－による方法も含む）。

　以上のように，駆け足で戦後の学習指導要領や指導要録における「人間性」の育成や評価の変遷を見てきたが，戦後のカリキュラムは教育基本法の「人格の完成」を一貫した理念として掲げつつも，実際にカリキュラムの基準となる文部（科学）省から告示される学習指導要領に「人間性教育」を掲げながらも，他方では系統主義教育，能力主義教育に振れてきた。その理由は，カリキュラムが10年ごとの賞味期限しか有さないため，新カリキュラムの出現で前カリキュラムは消え，異質の「人間性教育」のカリキュラムが同時並行的に存在する環境に置かれることはなかったからである。結果として本格的に人間教育を実現するカリキュラムの研究と実践が成立しえなかったということが反省事項である。

## 2 「学びに向かう力・人間性の涵養」とは何か

（1）「人間性」の概念をめぐって ……………………………………………………

　以上のように，「人格の完成」，「人間力」，「個性の伸長」，「人間的統一と調和」，「知・徳・体の調和のとれた人間性の育成」，「心豊かな人間の育成」，「たくましく生きる力」などをテーマに掲げ教育改革を図った。それでは，これらの根底にある「人間性」とは一体どのようなものだろうか。「人間性の涵養」について梶田（2019）は次のように整理している。

①（自己中心的で傍若無人的な感性の克服と，自己のＴＰＯ的統制力の獲得
　　の点から）

　　「他の人の気持ちを思い遣る感性を磨き，自他双方の利益を求める方向で
　　現実の諸条件に目を配り，自己の言動をそうした線に沿って統制していく力
　　を付けていく。」

②（豊かな人間性，様々な美的内容に対する感性を耕し，楽しめる能力の獲
　　得の点から）

　　「現実的な利害を越えた『真』，『善』，『美』，『聖』等といった価値の感覚
　　に気づき，それらに対する感受性を磨き，そうした価値の追求の中で自己充
　　足する力を育てていく。」

③（自分自身を意識化し，自分自身と対話し，自分と付き合いながら生きる
　　点から）

　　「自分がこうした形で時々刻々の生を送っているかけがえのなさを実感し，
　　自分自身との内的対話の習慣を持ち，精神的な充実感と喜びを持って自覚的
　　に生きていく力の獲得。」

④（生涯にわたる人間性の涵養，成熟した人間としての諸特性を実現すると

いう点から，例えばマズローたちが言う「人間として成熟し，一層高次な存在になっていく姿」の点から）

「自他についての現実を的確に認知する能力を育て，自己についての意識の拡大によって自他一如の方向で自他への意識と態度の深化を図り，自己の言動と人生を貫く哲学を形成していくと同時に，今，ここでの至高体験を持つように努める。」

以上のように，「人間性の涵養」とは「結局のところ，自分自身の自覚的主体的存在の在り方に関わる」ものなのである。

こう考えるならば，「学びに向かう力，人間性の涵養」の力の達成は，一生涯の課題であり，小学校，中学校，高校までの学校時代には①〜③までの観点を理解し，自覚化しその実現に少しでも近づくように促していくことが重要である。

## 3　新学習指導要領は「学びに向かう力・人間性の涵養」をどう規定したか

### （1）中教審答申に見る「学びに向かう力・人間性の涵養」の規定……………

今回の中教審で新しく取り入れられた「学びに向かう力・人間性の涵養」については正直十分な議論や説明はされなかった。中教審答申や文部科学省から刊行された「新しい学習指導要領の考え方」は次のように触れており，そこを手掛かりにどう規定したかを見てみる。2016年中教審答申は，必要な資質・能力として三つの柱を設けた。

「学びに向かう力・人間性の涵養」とは「主体的に学習に取り組む態度も含めた学びに向かう力や，自己の感情や行動を統制する能力，自らの思考の過程等を客観的に捉える力など，いわゆる『メタ認知』に関するもの。一人一人が幸福な人生を自ら創り出していくためには，情意面や態度面について，自己の感情や行動を統制する力や，よりよい生活や人間関係を自主的に形成

する態度等を育む」（文部科学省中央教育審議会，2017，p.30）観点からも
重要であると説明している。

## （2）文科省「新しい学習指導要領の考え方」に見る説明……………………

さらに，標記について詳細な説明を行っているのが文部科学省から刊行され
た「新しい学習指導要領の考え方」であるので，そこを手掛かりに分析してみ
ると次の通りである。

　「人工知能がいかに進化しようとも（中略）人間は，感性を豊かに働かせ
ながら（中略）社会や人生をよりよいものにしていくのかという目的を自ら
考え出すことができる。（中略）自ら目的を設定し，（中略）自分の考えをま
とめたり，相手にふさわしい表現を工夫し（中略）多様な他者と協働しなが
ら目的に応じた納得解を見いだしたりする（中略）強みを持っている。
　このために必要な力を成長の中で育んでいるのが，人間の学習である。
（中略）予測できない変化に（中略），主体的に向き合って関わり合い，（中
略）自らの可能性を発揮し，よりよい社会と幸福な人生の創り手となってい
けるようにする」（文部科学省，2017，p.9～p.10）力の育成が社会的な要請
となっている。

つまり，「学びに向かう力・人間性の涵養」の目的は「学習を他者と協働し
社会に役立て，自らの可能性を発揮し，よりよい社会と幸福な人生の創り手と
なっていく」ことなのである。

なお，今回の学習指導要領が提案した「学びに向かう力，人間性の涵養」に
付けられた，「学びを人生や社会に生かそうとする」という意味は，社会の中
で与えられた眼前の課題をどう処理するかという，社会の中でどう対応するか
という観点だけではなく，自分自身が自分の人生をどう生きるかという観点の
両面から考えていかなければならないという点にも留意しなければならない。

## 4 「人間性の涵養」をいかに評価するのか

### (1)「人間性の涵養」を評価する観点と文章による個人内評価 ………………

　ところで，学習指導要領の改訂における「教育目標」は入口であり，指導要領の改訂を受けて改訂される指導要録は教育目標の達成状況を出口の評価から見取るものである。今回は学習指導要領の目指す資質・能力が三つの柱に改訂されたことに伴い，指導要録の評価の観点も学力の三要素に対応して，「知識・技能」，「思考力・判断力・表現力」，「主体的に学習に取り組む態度」の三観点に改訂された。しかし，「学びに向かう力・人間性の涵養」には，①「主体的に学習に取り組む態度」として観点別評価を通して見取ることができる部分と，②「人間性等」観点別評価になじまず，個人のよさや可能性，進歩の状況について数値ではなく文章記述による個人内評価で評価する部分が出てきた点を理解しておかなければならない。つまり，短期間で設定した学習目標の観点にいかに到達したかを評価する達成目標にはなじまないので，長期の見通しを持って評価する向上目標や体験目標によって見取るということになる。

### (2)「学びに向かう力・人間性の涵養」は向上目標や体験目標で評価を ……

　「人間性の涵養」を評価する観点として，筆者は次のような項目を抽出する。
〈主体的・自立的に学習・生活に取り組み，生き方を深める評価の観点〉

---

・主体的に学習に取り組む態度が成長したか
・人間としての生き方について自分の考えを深め，自己実現を図ろうと努力しているか
・自らの思考過程を客観的に捉える力は育っているか
・自ら目的を設定して，自分の考え方をまとめる努力をしているか
・予測できない変化に主体的に向き合って，関わり合う力を伸ばそうとしているか

---

・他者の考え方に触れた上で，自立的に思考する態度は成長したか
・自分で考え，的確に判断し，自制心を持って行動し，より高い目標の実現に向けて根気強く努力したか

〈他者と協力・協働する態度・力の成長に関する評価の観点〉

・多様な他者と協働しながら目的に応じた納得解を見出す努力が見られたか
・他者と一緒に生き，課題を解決していこうとする力は成長したか
・他者の気持ちを思い遣る感性を磨く努力が見られたか
・思いやりと感謝の心を持ち，異なる意見や立場を尊重し，力を合わせて集団生活の向上に努めることに関して成長が見られたか
・生活や社会，人間関係を築くため，自己の役割・責任を果たし，多様な他者と協働して実践する態度の成長が見られたか

〈感情や行動を統制し，自律的で豊かに生きる態度・力の評価の観点〉

・夢や希望を持ち，高い目標に向かって，当面の課題に根気強く取り組み，努力する姿勢に成長が見られたか
・自己の感情や行動を統制する能力に関して成長が見られたか
・「真」，「善」，「美」，「聖」等の価値に対する感受性に関して深い理解をしようとする態度が見られたか
・自分自身との内的対話の習慣を持ち，自覚的に生きていく態度に関して成長が見られたか
・道徳的価値に関する理解が深まり，日常の生活態度に自律的な態度の成長が見られたか
・今というかけがえのない時間を人生として生きていくという自覚の深まりが見られたか

・自分の役割と責任を自覚し，他者から信頼される行動や態度が見られた
　か
・自他の生命を大切にし，いのちや自然の素晴らしさに感動し，自然を愛
　護しようとする姿勢が見られたか

〈よりよい社会と幸福な人生を形成する態度・力の成長の評価の観点〉

・よりよい生活や人間関係を形成しようとする態度に成長は見られたか
・よりよい社会と幸福な人生の創り手となっていくことに関して成長が見
　られたか
・自分を社会の中に位置付け，「どんな社会」を描いていこうとする姿勢
　が見られたか
・我国や郷土の伝統と文化を大切にし，学校や人々の役に立つことを進ん
　で行おうとする態度が見られたか
・我国の伝統と文化を大切にし，国際的視野に立って，公共のために役立
　つことを進んで行おうとすることに関して成長が見られたか

（古川治作成）

　以上のような教育目標については，すべて一義的に達成目標という短期のスパーンで評価することはできない。我々は学習の成果を評価するため，評価を三つのタイプに区分してきた。①達成目標，②向上目標，③体験目標である。達成目標は単元などにおいて特定の具体的な知識や能力を身に付けることが要求される目標である。向上目標はある方向へ向かっての向上や深まりを要求する目標である。個人内で以前より，他者と比較して進歩，深化したという学期や１年間を単位という比較的長期間を単位とした把握が難しい目標である。論理的思考，鑑賞力，指導性，社会性といった高次の目標である。ここで検討している「学びに向かう力・人間性の涵養」などは，この向上目標に該当する。さらに，体験目標は学習者に何らかの直接の変容をねらいとする目標ではない。

知的・精神的，成長・発達を求めて，子どもたちが特別活動のクラブ活動，宿泊訓練，修学旅行等を通して触れ合い，信頼，感動，発見をする等などである。これらはその体験自体に意味があり，直接に学習効果として観察可能な変化が現れるわけではない。しかし，目標への到達性は教師による観察や子どもたちの感想，作文，内的な振り返りによって見取ることができる。何でも到達目標に収斂していこうという1970年代末に梶田があえて「体験目標」を設定した理由を，討論「ブルーム理論の乗り越えと授業研究の課題」（坂元・水越・梶田，1994）の中で語っている。

　「体験目標を設定した意味」として，「ヴィバルディーの『四季』を聞く。その場合，確実に何らかの体験を生じているでしょうけれども，その体験が外的な行動としては何を生じさせているのか。重要な変化，しかし，確認できない変化，こういうものが教育においてはいっぱいあるではないか。名画を見るのもそうです。詩を聞くのもそうです。体験が生じたかはチェックできますが，それによる成果は把握できない。それを『体験目標』として設定した。」

　したがって，「学びに向かう力・人間性の涵養」の評価をする指導者は，以上のように，向上目標や体験目標を通して長いスパーンで見取ることになる。

## 5　自己評価活動を通してメタ認知能力を高める

（1）自己評価的活動の心理的過程……………………………………………………
　最後に，「学びに向かう力・人間性の涵養」を育成するには，「自己の感情や行動を統制する能力」，「自らの思考過程を客観的に捉える力」，「自分自身との内的対話の習慣を持ち，自覚的に生きていく態度」等自己を振り返る自己評価力（メタ認知能力）を高めなければならない。今回の評価の改訂から「関心・意欲・態度」の観点がなくなり，新しい観点として「主体的に学習に取り組む

態度」に変更されたこともあり，情意的な側面を評価する自己評価力の育成は一層重要になってきた。自己評価をするにあたっては，梶田が提言した「自己評価的活動の心理的過程」の構造図（梶田，1994）の手順を参考にしてもらいたい。結局のところ，自己評価的活動の心理的過程の第五で示しているようにこれらの取り組みの結果，自分自身で次のステップについて新たな決意，新たな意識を持つことに進むということである。自己評価の結果を活かして，自分が当面取り組むべき課題が何であるかを明確に認識し，その方向に向かって新たな意欲を喚起して立ち向かうことになってほしいということである。自己評価的活動は，自分を点検し，吟味し，反省するというチェックだけではなく，

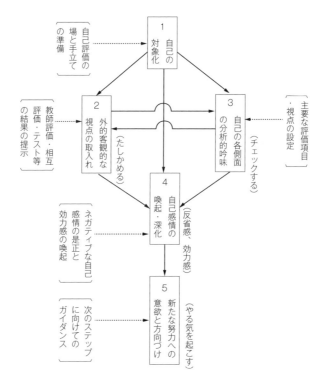

図1 「自己評価的活動の心理的過程」（梶田，1994）

認識を深め次にどう進むかを教師も寄り添って決意するという重要な教育活動なのである。

「学びに向かう力・人間性の涵養」を育成目標にし、「人間性」が育ちつつあるかを見取る評価は、個人のよい点や可能性、努力している点、進歩の状況等について長期のスパンで向上目標や体験目標（文章記述）を通して見取るとともに、自らを厳しく振り返る自己評価活動や子どもたちとの直接のガイダンスなど多様な評価活動を創意工夫して見取ることが大切になってくる。教師が日頃から指導に当たって、明確な指導観点を持っていれば、どのような観点から学習や生活を見取るかという視点も鮮明になってくるものである。

子どもたち一人ひとりが努力しようとしている点、成長や進歩がみられる点について顔を見て、声に出して直接、評価し、誉め、励まし、助言し、お互いが心を通わせ話し合っていく評価方法が重要になってくるのではないだろうか。

## （2）指導要録と通知表の違いによる評価で気を付けたい点 ……………………

最後に、評価に関しては保存が義務づけられた法的公簿である指導要録と保護者とのコミュニケーションツールである通知表の評価のあり方の違いに気を付けておかなければならない。指導要録と違い通知表に記載する評価は、子どもや保護者に直接触れるものであるから、できるだけ具体的な表現であることに気を付けて、個人内評価として温かい文章記述を心がけたい。

**参考文献**

中教審答申『21世紀を展望した我が国の教育のあり方』1996

中教審答申『幼稚園、小学校、中学校、高等学校、特別支援学校の学習指導要領等の改善及び必要な方策等について』2016

梶田叡一『教育評価』有斐閣、1983

梶田叡一『ブルーム理論に学ぶ』明治図書出版、1986

梶田叡一『教育における評価の理論』Ⅰ巻　金子書房、1994

梶田叡一「人間性の涵養」梶田叡一責任編集・日本人間教育学会編『教育フォーラム63号』金子書房、

2019

文部科学省指導資料『新しい学習指導要領の考え方』2017

　https://www.mext.go.jp/a_menu/shoton/new-cs/_icsfils/afeldfile/2017

内閣府人間力戦略研究会『人間力戦略研究会報告書』2003

坂元功・水越敏行・梶田叡一「ブルーム理論の乗り越えと授業研究の課題」梶田叡一『教育における

　評価の理論』Ⅱ巻　金子書房，1994

特別寄稿

# 居場所のない子と関わる

蔵 あすか○くら あすか

## 1　居場所のない子とは

　筆者がこれまでに出会ったり，また学校の先生から相談を受けたりしたケースから，居場所のない子について考えてみたい。ここでいう居場所とは，精神的なこころの拠りどころ，よすがとしての意である。自分の属している地域，家族や学校，学校のなかでもクラスや部活動などいくつかコミュニティがあるが，そのどこかにおいて「私は居てはいけない存在」であると感じる，あるいは「私が居ない方がよいのではないか」と感じることを，ここでは居場所がないという。

　居場所がないということは自分の存在を否定したり，自分の人生を進むうえで拠りどころとなるものがなく不安定になったりすると考えられる。そもそも生きている実感がなく，リストカットをすることでやっと生きている実感がある，という子もいる。気持ちが折れやすく，夢や目標をもてないこともある。

自分をかけがえのない存在として扱われた感覚に乏しければ，自分と他者の境界があいまいで人の領域を脅かすことに罪悪感がわかなかったり，自分の人生を生きられなかったりする。

　なお，事例として取りあげたものは，筆者がいくつかの事例を再構成し直したものである。

## 2　やっかい者として扱われていたAくん

（1）Aくんについて……………………………………………………………

　Aくんは中学2年生，学校では授業中に教室から出たり，同じ学年の男の子のズボンと下着を脱がしてその様子を動画でインターネットにあげたりしていた。Aくんのお母さんは外国籍，シングルマザーで彼を育て数年ごとに違うパートナーと同棲，その都度転校していた。Aくんの口癖は「べつに」「どうでもいい」であり，「俺なんて居ても居なくても一緒。親も先生も大人はみんな信用できない」と言っていた。先生たちは「Aくんがいると一緒になって教室から出ていく生徒がいるから困る」とか「何か問題が起きるとAくんの名前が必ずあがる」「火消しに追われるばかりでAくんには注意しても伝わらない」と疲弊していた。なかには「正直なところ，早く転校してくれないかと思うこともあります」とこぼす先生もいた。

　Aくんについてケース会議が開かれた。現在の問題行動については学校側が把握していることは多かったが，それに比べてAくんがどう生きてきたか，どのような思いでいるのか，という情報は少なかった。転校を繰り返しているために情報が十分でないことも一因であったし，言葉の問題で母親から詳細に聴きとることも難しかった。しかし，ある先生にはAくんが本音をもらすことがあったようで，これまでに母親の元パートナーから暴力を受けたことがあったことや，「おまえがいるからお母さんと結婚できない」と言われたことが強く残っていること，小学生の頃に自分の外見のことで同級生にからかわれていたということが分かった。

（2）Aくんへの理解・・・・・・・・・・・・・・・・・・・・・・・・・・・・・・・・・・・・・・・・・・・・・・・・・・・・・・・・・・・・・・・・・・・・・・・・・・

　筆者は先生たちと，これらの情報やいま見えている姿から想像しながら「この子が受けてきた傷はどのようなものだろう」「どうしてこのような行動に出るのだろう」「必要なことは何だろうか」「母親の状況によってはまた転校する可能性もある。そのなかでできることは何だろうか」という視点で考えていった。

　そこで確認されたのは，まずはAくんを問題のある子として見るのではなく，たしかに問題行動をとっているが，指導と同時に手当てをされることも必要な子であるという理解である。これを忘れて対応すると，「居ない方が助かる」という雰囲気が伝わるであろう。Aくんは「自分は要らない人間だ」という思いを強くしてしまい，どこにも居場所をなくしてしまう。彼にとってみれば，「どこへ行っても一緒，居ない方がうまくいく」という気持ちになり，家庭でかつて経験したことの再演を学校でしてしまうことになる。居場所が家にも学校にもないと，居場所を家や学校以外に求めて学校に来なくなることもあるが，Aくんはいまは学校に来ているので面と向かってやりとりができる。

　教室から出るという行動については，とどまることのできる授業もあることが分かり，それはAくんのことを排除せずに気にかけてくれる先生の授業であった。自分のことを受け入れてくれると分かると，Aくんは「ここに居てもよい」とわずかでも感じているのではないかと話し合われた。動画をインターネットにアップする行動，しかも相手にとっては大きな傷つきになるであろう性に関することであり，動画の拡散を止める対応も大変だったが，Aくんが暴力を受けてきた経験をふまえて考える必要があった。筆者からは，暴力は身体的なものでも性的なものでも，自分のスペースや大切な領域に有無を言わさず侵入されることであり，自他の境界線が破られることであると説明した。Aくんは自分の意志に関係なく母のパートナーから生活空間に入られ，また暴力を受けていたのであれば，こころや体の境界を超えて侵入されることがあったと想像でき，自分というものを尊重されて守られる経験に乏しいと考えられた。自分の領域，自分自身を大切にされた感覚が十分でなければ「相手を大切にし

なさい」と指導しても伝わらない。先生方の疲弊はこういったところからも生まれる。

　大人への不信はＡくんの置かれた状況であれば当然のこととも言え，むしろ「みんな信用できない」と言いながらもこころを開ける先生の存在があるのは救いであった。その先生をキーパーソンにしてＡくんの「自分は居ても居なくてもよい存在」という思いが少しでも和らぐことがＡくんのこれからの人生にとって大事なものとなる。もしかしたら急な転校があるかもしれず，関わることでかえってＡくんを傷つけないかという意見もあった。たしかに信頼していた人との別れはつらいものであったり傷ついたりもするが，それは正常な反応であり，そこまでの関係が築けるのであれば，Ａくんがほんとうに自分を大切にされたという感覚があるという証にもなりうる。また，実際に近くに信頼できる人の存在が居なくてもＡくんのこころのなかに灯のように残れば，居場所がないとこれまでのように思わなくてすむかもしれない。Ａくんが居場所を感じるようになれば，他の人への接し方が変わるであろうし，今後大切な他者との関係も築いていけることが期待できる。

　なお，筆者はキーパーソン以外の先生にはサポートをお願いしつつ，あまり急にＡくんへの態度を変えないようにお願いした。ときどきあるのだが，ケース会議でその子の傷つきを知ることでこれまで取っていたような対応，とくにダメなものをダメと言えなくなってしまうことが先生たちのなかにあるようだ。しかし，子どもは自分がどう見られているのか，どう扱われているのかに敏感である。別のケースで，「急に先生たちの態度が変わった。自分はかわいそうな子と思われるようになった」と言った子もいたので注意を要する。また，いままで禁止されていたことが急にそうでなくなると混乱してしまうので，もともとあるルールなどは変える必要はないケースがほとんどである。ケース会議でたてた「Ａくんは～だろう」ということはあくまでも仮説であり，再度検討し直しながら対応していくべきであろう。

## 3　おとなしく適応していたＢさん

### （1）Ｂさんについて………………………………………………………………

　Ｂさんは30代女性，20代終わりに離婚をし，仕事をしていたがその頃から
うつ状態になり退職，実家に帰って父と二人暮らしをしていた。父親は社会的
には成功しており収入は多かったが金遣いが荒く，子どもの頃からお酒をよく
飲み，母親はパートをしながら生活していた。母親は父親の言いなりでお酒を
買ってきたり暴力を振るわれていたりしていた。Ｂさんは「家は地獄のよう
だった」ので，「学校はとりあえずお酒のにおいがしないし，おとなしくて成
績がほどほどであれば波風がたたなかった」と言い，いわゆる「よい子」とし
て適応しているように周囲からは思われていた。筆者はＢさんとは精神科クリ
ニックのカウンセリングで出会った。Ｂさんは当時を振り返って「どこにも居
場所がなかった。学校は安全ではあったけど，ただ言われたことをしていた」
といい，居場所がないと感じていた。「結婚をして家を出たけど，夫との間で
も私はよい子のままだった。自己主張をせず，そこにも居場所がなかった。結
局離婚をしてこころを病み，仕事もできなくなった」。行くあてがなくなった
Ｂさんは，母亡き後一人で暮らす父親と住むことになり，父親は相変わらず
お酒を飲んでいるという。「家で倒れていたら，自分が悪いような気がするか
ら」父親が外に飲みに行くと心配で起きていることもある。

### （2）Ｂさんへの理解………………………………………………………………

　ＢさんはＡくんと同じように居場所のなさを感じている。異なるのは，Ｂさ
んは学校では問題行動を出さず，学校が安全な場所として機能していたことだ
が，一方でケース会議をされることはなく，必要な手当てをされてこなかった
ことである。Ｂさんは表面的にはよい子，よい妻であろうとしてがんばってき
たが，居場所のなさをずっと抱え，満たされることなくこころを病んでいる。
　どうしても学校現場では手がかからない子はよい子として分類され，その他

の気になる子に手や目がかけられがちである。Bさんは問題を起こすわけでも学校を休みがちなわけでもなく，見た目には気になることはなかった。Bさんはこころのなかでは「どこか違うところで生まれていたら？」という想像をしながら過ごしていたという。イマジネーションの世界をふくませることで自分のこころを安全な場所においていたと考えられる。また，家に居場所がなくても，良くしてくれるおばあちゃんなどが近くにいるとこころの拠りどころになることもあるが，Bさんにはそういう存在はなく，夢中になることもなかったという。家では感情のスイッチをオフにしていないと父親の言動やそれに振り回される母親の姿に耐えられなくなってしまうので，家では感情のスイッチをオフにすることで，学校では想像の世界に旅することで身を守っていたと考えられる。それはいっときの身の守り方としては効果的だが，長年積み重なると感情が鈍磨してしまう弊害もある。

　友人関係はそのときどきでそれなりに持っていたようだが，卒業と同時に切れており，「自分が話していることが，自分の気持ちなのか，こう言う方がよいだろうと思って言っているのか，分からなくなる」ので友人と出かけたりすることはほとんどなかったという。結婚は早く家を出たくてしたが，いつも叱られはしないかとビクビクし，夫との間には溝ができ離婚となった。「家族を作ることもできなかった。家も会社も友だち関係も，私が居ない方がうまくいく」心境だったという。

　実家に戻ったもののこころは休まらず，生前お母さんがしていたようなことをBさんがしてしまっていた。Bさんは「私はどうして生きているのか分からない」と言い，カウンセリングを継続しながら自分の人生を振り返り，どう生きていくのかを見つめる機会にすることになった。少しずつ話をするなかで，感情を麻痺させることでがんばって生きてきたこと，自分の問題と父親の問題の区別がつかなくなっていたことなどに気づいていった。しかし，自分は生きていてよい，居てもよいのだという感覚を得られるようになるためには長い道のりが想像された。

　このように，大人になってから不適応というかたちでその人の問題が表面化

する場合には回復に時間が長くかかるため，できれば教育の現場でこころの問題に気づいて対応してもらえる方が望ましい。

## 4　ルーツを求めたCくん

### （1）Cくんについて……………………………………………………………

　Cくんは20代の大学生，4歳から児童養護施設で育った。母親はCくんを生んですぐにいなくなり父親と二人暮らしであったが，父親はときどき仕事があると働くものの収入は少なく，4歳の時に亡くなった。Cくんにはあまり記憶がなく気づいた時には施設にいた。親戚はいないらしい。10歳くらいの時にふと「なんで自分は施設に帰るのだろう」と家に帰る友だちを見て思った。施設職員に聞いたところ，はぐらかされたので「聞いてはいけないことだった」と思うようになり，「僕はいらない子だったのでは？」と思うようになった。

　小学生の頃はやんちゃをして叱られると悪いことをしたかなと思うが，ささいなきっかけでもイライラすると自分でも制御がきかなくなったという。一方で「こんな悪い子だから僕は施設にいるのだ」とも思い居場所がないと感じていた。

### （2）Cくんへの理解……………………………………………………………

　家庭の事情や虐待により児童養護施設などで育った子のなかには，とくに説明をされないまま幼少期から過ごしていたり，子どもには伝えにくい事情があったりして，なぜ自分がそこで過ごしているのか，他の子のように父親や母親がいるのか知らない子がいる。Cくんは父親が亡くなっていることは聞いていたが，母親のことは明確にされていなかった。

　それまで当たり前のように施設で生活をし，学校に行ってそこに帰るという毎日を送っていたが，ふと他の子との違いに気づいたのであろう，ごく自然なことである。子どもがどうして？　とたずねる時は何気なく聞いているように見えても意を決して聞いていることが多い。そのタイミングできちんと取り

合ってもらえないと，聞いてはいけない質問だった，知ってはいけないことがあるようだと聞くことや疑問をもつこと自体をやめてしまったり，分かっている情報だけで子どもなりにつなぎ合わせて考えようとする。Cくんの場合，父親は亡くなった，母親はどこかにいるかもしれないけど会ったことがない，来ることができない事情がありそうだ，自分は悪いことをすると叱られるという状況から，「僕が悪い子だから施設にいるのだ」と思うようになったと考えられる。

　Cくんも居場所がない思いをしていたが，「自分はどうして生まれてきたのか知りたい」と高校生の時に担任の先生につぶやいたところ，先生はその思いを受けとめ，一緒にルーツを探そうと言ってくれた。Cくんは自分のルーツを知れるかもしれない，しかも先生が自分の疑問に応えてくれたことがとても嬉しかったという。母親についての詳しい情報は知ることができなかったが，生きているらしいことは分かった。そして，施設の職員を交えて4歳まで過ごした家を見に行った。Cくんは「ここで過ごしたんだなと思ったら，たしかに自分は生きていたのだ」と思えたという。それまでは，記憶もないし当時のことを教えてくれる人もいないので，自分がほんとうに生きていたのか疑問だったという。自分がどうして生まれてきたのかという疑問に対する答えを知ることはできなかったが，悪い子だから施設にいるわけではないらしいこと，この世に居てもよい存在なのかもしれない，と一緒に行った二人の大人に挟まれながら感じたという。

　一緒に行った先生によると，ちょうど進路選択の時期であり，以前にも施設で育った子がその時にルーツを知りたがっていたこと，当時はそれに付き合うことができなかったが，Cくんのつぶやきを受けて，この知りたい気持ちに応えることで彼の選択に何か影響があるのかもしれないと思ったという。

　子どもは3歳くらいまでの記憶が残っていないことがほとんどである。家庭で育っていれば写真を見返したり思い出話をしたりして，自分の覚えていない記憶を補ってもらえる機会があるが，施設で育った場合はその機会が家庭の子より少ないと考えられる。また，ケースによって子どもに伝えられる情報とそ

うでない情報があり，たずねられてもうまく答えられないことがあるため，関係者で確認をしながら子どもの質問に答えられるように用意しておく必要がある。子どもが欲しがっているのは，正確な情報としての答えではなく，自分が疑問に思ったことに対して取り合ってくれる，応えてくれることなのであろう。

## 5　居場所のない子と関わる際にできること

　まずは，居場所のない，こころの拠りどころのない子に気づくことが求められる。AくんのようにＣくんのように疑問を口にしたりする子は，居場所を必要としている子の一部分かもしれず，Ｂさんのように見過ごされて大人になって不適応やひきこもりを呈したり，あるいはサインを発していても受け止めてもらえなかったりしているかもしれない。

　子どもと関わる大人はそういったことを気にしながら，その子の傷を増やさないことが大事である。そのためには，どのような背景を持っているか知る必要がある。そうでないと，暴力的なことであれば‘加害者’として指導され，その子の‘被害者’としての側面がケアされないままになる可能性がある。これまでの背景から考えておとなしすぎたり良い子すぎたりする場合には，さりげなくそっと関わっていきたい。そのうえで，こころの拠りどころとなるような経験，一般論ではなく自分を確かに見てくれているとその子が思えるように個別性を大切にしながら，適切に感情を表現できるようにしていくことが求められる。

　その子の人生に支援者がずっと付いていることはできないが，別れがくる場合は次の人へバトンを託すことも考えながら，こころのなかに継続性をもった拠りどころを作ることは可能だと考える。「私は居てはいけない存在」であるとか「私が居ない方がよいのではないか」と感じる子が居場所を見つけ，「私は大切なかけがえのない存在だ」と思うことができれば，何かをしようとするときに踏ん張る力が出て自分の能力を最大限に発揮したり，大切な他者との関係を築いたりすることができると考える。

**参考文献**

藤森和美・野坂祐子編『子どもへの性暴力　その理解と支援』誠信書房，2013

松本俊彦『「助けて」が言えない　SOS を出さない人に支援者は何ができるか』日本評論社，2019

大河原美以『ちゃんと泣ける子に育てよう　親には子どもの感情を育てる義務がある』河出書房新社，
　2006

特別寄稿

●

# 「大きな問い」に根ざした教育実践

「唯一無二の人生」を生きる主体の育成

●

# 村上 祐介○むらかみ ゆうすけ

はじめに

　本稿では，「人間教育をどう進めるか」という本特集の目的に照らし，筆者がこれまで高等教育領域で実践してきたスピリチュアリティ教育のうち，「大きな問いを扱う教養教育」と「価値に基づくプロジェクト」をとりあげ，その概要と成果を報告する。これらの教育実践は，「学習者が，誰のものでもない"唯一無二の人生"を創り上げていく」ことを助長したいという願いのもと設計されており，人間教育との親和性も高いものと考えられるからである。本報告が，「人間力を育成する教育方法」に関する議論の一端となれば幸いである。

## 1　スピリチュアリティ研究の興隆

　1980年代以降，医療や看護，福祉，心理臨床等の対人援助領域において，「スピリチュアリティ（spirituality）」に関心が向けられてきた。アメリカ心理

学会で,「宗教とスピリチュアリティの心理学」が第36部会として設立された
が, これは, スピリチュアリティが学術的研究の対象として認められたこと
の証左であろう。スピリチュアリティには, コンセンサスの得られた定義は
ないが, その中核的な側面として, 主として生死に関わる「大きな問い (big
questions)」について考える能力, 生きとし生けるものの幸せを願う「慈悲
(compassion)」の態度, 神仏や宇宙, 無や空といった自己を超えた「超越性
(transcendence)」の感得が含まれる (村上, 2016)。

　教育領域では, 2000年代に入り,「高等教育におけるスピリチュアリティ」
の議論が加速し (Chickering et al., 2006 ; Tisdell, 2003), 高等教育研究の中心
的人物であるアスティンによって大規模なプロジェクトも実施された (Astin
et al., 2011)。延べ10万人を対象としたこの縦断調査において, スピリチュア
リティは,「人生の『大きな問い』に対する答えの積極的な探究 (スピリチュ
アルな探究；spiritual quest), 自民族中心主義や自己中心主義を超越したグ
ローバルな世界観 (普遍的世界観；ecumenical worldview), 他者に対するケ
アリングや慈悲の感覚 (ケアリング倫理；ethic of caring), それに伴う他者へ
の奉仕を含む生き方 (慈善活動；charitable involvement), 特に困難な局面で
も落ち着きと中心の感覚を維持する能力 (平静さ；equanimity) を含む, 多
面的な性質」(Lindholm, 2013, p. 13) と定義されている。調査の結果, 平静
さの高い学生は, 学業成績や心理的健康が良好で, 地域のリーダーになるこ
とを志望し, 人類の状況を改善させる意欲を有しており,「地球市民 (global
citizenship)」傾向 (ケアリング倫理と普遍的世界観を合成) は, 大学院進学
への興味や異人種・異文化とうまくやれる能力を高めていた。これらの結果は,
スピリチュアリティが, 学業や心理, キャリア, 対人関係など, 青年の様々な
側面に肯定的な影響を及ぼすことを実証している。

## 2　大きな問いを扱う教育

　スピリチュアリティ教育の展開にあたっては,「大きな問い」「慈悲」「超越

性」がそれぞれダイナミックに関連し合いながら深化していくことが期待されるが（村上, 2016），差し当たり，本稿では「大きな問い」に焦点をあてたい。大きな問いとは，「自己，世界，超越的存在の在り方や，生の意味，死や愛，価値など人生の根本的な問題に関する問い」である。その中には，人生で大切なこと，自己，幸せ，愛等の「人生の意味の希求」，世の中のあり方，善悪や正邪，真実等の「価値の探求」，人類や地球，宇宙の行く末等の「宇宙的思考」，神仏や死等の「超越的存在への問い」が含まれる（村上, 2012）。

　大きな問いと向き合う「スピリチュアルな探究」は，知性面に関する自尊感情やリーダーシップ能力に肯定的な影響を及ぼすが，心理的ウェルビーイングや大学満足度の低さと関連することが明らかになっている（Astin et al., 2011）。また，大学生325名を対象とした調査（村上, 2016）では，「人生で本当に大切なこと，すべきこと，したいことは何か」，「本当の幸せとは何なのか」，「生きることや人生に，意味や目的はあるのか」といった「人生の意味の希求」に関わる問いについて，いずれも 60％を超える学生が，自分なりに考えたり学んだりすることが「必要である」「やや必要である」と感じていた。さらに，学生宗教意識調査（井上, 2013）では，東日本大震災をきっかけに，約 3 割の学生が，「生きる意味を考えるようになった（35.0%）」，「死を身近に考えるようになった（34.0%）」と回答した。これらの調査結果は，大きな問いを教育場面で扱うことに，一定のニーズがあることを示唆するものである。

　大きな問いを扱う教育実践には，様々な方法が考えられる。大学生活を通じて行われる奉仕活動，自己内省や瞑想，宗教的活動，読書や議論，教授による問いの促進は，スピリチュアルな探究の上昇と関連する（Astin et al., 2011）。実際，ボランティア活動に継続的に関与している大学生を対象としたインタビューから，ボランティアに関わる他者との出会いを通じて，幸福，価値や善悪，希望や平静さの維持，人生で本当に大切なこと，といった大きな問いが思慮されることが明らかになっている（村上, 2019）。また，大学の教養科目の受講生を対象に縦断調査を実施したところ，授業内で大きな問いについて考える頻度の増加と，大学適応感の「課題・目的の存在（大学で成長し，将来に役

立つことが学べているという感覚）」の増加とには正の関連が示された（村上，2015）。一方，筆記法を用いた5日間の介入研究では，大きな問いについて一人で意図的に思考を進めた青年は，統制群に比べ，介入後に若干の精神的疲労を感じることがわかった（村上，2013）。これらの結果から，大きな問いを教育で扱うにあたっては，漠然と問いについての思考を促すよりも，問いを考える複数の視点を提示し，問いに対するある程度の「自分なりの答え」を学習者が見出せるような仕掛けが必要となろう。

　そこで本稿では，まず，大きな問いについて思慮するための視点を授業構成に組み込んだ教養教育科目（「心理学を学ぶ」）の成果を報告する[1]。次に，大きな問いの中でも，「人生で本当に大切にしたいこと，すべきこと，したいこと」に関わる「価値（value）」に着目し，価値を実現する行動をプランニングする課題探究型初年次教育の実践を紹介する。

## 3　実践1：「大きな問い」を扱う教養教育

**概要**：2013年度春学期開講の関西大学全学教養科目「心理学を学ぶ」の授業で，全15回から構成された（表1）。

**対象者**：質問紙への回答が得られた44名のうち，欠損値やフィラー項目への回答が確認された5名を除外し，最終的に，39名を分析対象とした（男性25名，女性14名；平均年齢19.13歳，$SD = 1.14$）。

**調査方法**：講義内で，授業の一環として調査を実施した。回答は自由であること，プライバシーの保護等について事前に説明し，教育・研究使用の許可が得られた者を分析の対象とした。

**質問紙の構成**：①Big Question尺度（BQS；村上，2012）：実存，価値，超越，宇宙に関する17項目，6件法；②大学生の学習意欲尺度（加曽利，2008）：授業に対する積極性尺度5項目（「新しく学んだ事柄について，自分なりに意見がもてた」等）と，授業に対する真面目さ尺度4項目（「授業中はしっかりノートをとった」等），7件法；③精神的回復力尺度（小塩ら，2002）：新奇

表 1 「心理学を学ぶ」の概要

| 回 | タイトル | キーワード |
|---|---|---|
| 1 | オリエンテーション | 心理学，担当者の専門領域 |
| 2 | 健康とは | ウェルビーイング，幸福観 |
| 3 | ストレスのメカニズム | ストレス，マインドフルネス |
| 4 | からだとこころのむすびつき | 身体性認知，身体技法，身体心理学 |
| 5 | 自分をみつめる | 認知療法，防衛的悲観主義 |
| 6 | 他者とのつながり | アタッチメント |
| 7 | 友人関係 | 親密化過程，ソーシャルスキル |
| 8 | 恋愛関係（1） | 魅力，進化心理学 |
| 9 | 恋愛関係（2） | 恋愛依存，ポリアモリー |
| 10 | 集団・文化と自己 | 内集団・外集団，文化心理学 |
| 11 | 環境と自己 | 宇宙と自己，意識の進化 |
| 12 | 子どもの育ち | 発達段階理論，多重知能 |
| 13 | 発達障害と虐待 | 発達障害，認知的個性，虐待 |
| 14 | 自己実現と自己超越 | 自己実現，スピリチュアリティ |
| 15 | まとめ | まとめ，小テスト |

性追求に関する 7 項目（「ものごとに対する興味や関心が強い方だ」），5 件法：④授業評価：[4-1]「有意義でなかった：1 点」〜「有意義だった：10点」，[4-2] 有意義度の理由，[4-3] 改善点。なお，①と②については，研究対象となった講義に関する回答になるよう，教示や項目の一部を変更した。

**結果と考察**：当該授業に対する学習意欲や有意義度と，授業を通じて大きな問いについて考えた頻度（BQS），新奇性追求，性別との関連を明らかにするため階層的重回帰分析を行った。授業に対する積極性を目的変数に，ステップ 1 では BQS と新奇性追求，性別を，ステップ 2 ではステップ 1 で投入した変数とその交互作用項（BQS×新奇性追求，BQS×性別，性別×新奇性追求）を，ステップ 3 ではステップ 2 までに投入した全ての変数とその交互作用項（BQS×性別×新奇性追求）を説明変数に投入した。その結果，ステップ 1 のモデル（$adjR^2 = .148$, $p = .037$）は有意だったが，ステップ 2（$adjR^2 = .131$，$p = .107$）とステップ 3（$adjR^2 = .174$, $p = .073$）のモデルは有意ではなかった。

ステップ１のモデルにおいて，授業に対する積極性と，BQS（$\beta = .334$ , $p <$ .05）との関連は有意で，新奇性追求（$\beta = .221$, n.s.）や性別（$\beta = .192$, n.s.）との関連は有意ではなかった（$VIFs = 1.12 \sim 1.28$）。なお，授業に対する真面目さ，あるいは有意義度を目的変数とし，上記説明変数の組み合わせと同様の階層的重回帰分析を行ったところ，いずれのモデルも有意ではなかった。

　以上の分析から，「心理学を学ぶ」の授業内において，「人生の意味の希求」，「価値の探求」，「宇宙的思考」，「超越的存在への問い」といった側面について考えたり学んだりした頻度と，「授業で学んだ事柄について自分なりに意見をもつ・友人と議論する」，「わからないことをそのままにしない・教員に質問する」，「講義に関連する図書を読む」といった積極性との間には，正の関連性があることが明らかになった。また，こうした関連性は，性別の要因や，「いろいろなことを知りたい」「物事への興味や関心が強い」といった個人差（新奇性追求）要因には調整されないことがわかった。授業への真面目な取り組み（ノートをとり，遅刻欠席をしない）や有意義度と，授業内で大きな問いについて思慮した程度の間には有意な関連があるとは言えなかったが，学習者の好奇心といった特性的な要因の高低にかかわらず，「大きな問い」に関連したトピックを扱うことで，積極的な学習態度が促進される可能性が示唆された。

## 4　実践２：「価値」を実現するプロジェクト

概要：桃山学院教育大学教育学部健康・スポーツ教育コースにおいて，2019年度に開講された卒業必修科目「子ども教育学基礎演習１」（前期）ならびに「子ども教育学基礎演習２」（後期）で実施した[2]。手順は，まず，前期授業において，「夏期休暇の課題」としてワークシートを配布し概要説明を行った。課題内容は「"人間力向上プロジェクト"をプランニングして『自分を磨く』」とし，(1)翌週の授業でプラン発表，(2)夏期休暇中に実行，(3)レポート作成，(4)後期授業で成果発表，というスケジュールを提示した。次いで，アクセプタンス＆コミットメント・セラピーのワークブック（Ciarrochi et al., 2012 武藤

監修, 2016) から引用した価値のリスト[3]を参考に，自分が重視したい価値を選び，その価値を実現するプロジェクトを計画した。「法には触れないこと。自分や他者の命を侵害すること，危険なことはしない」と「『今やっていること』を含めない」を注意事項とし，「実現したい価値」「その価値を選んだ理由」「その価値を実現するプロジェクト」「プロジェクトの実施時期・場所」「プロジェクトを阻害する要因とその解決策」をシートに記入した。受講生は，それぞれの計画に基づき，夏期休暇中にプロジェクトを実行した。

**対象者**：後期授業において，パワーポイントで作成したプレゼン資料に基づき，各クラス（一クラスにつき約20名）でプロジェクトの成果報告が行われた。授業担当者の評価ならびに受講生の相互評価の結果等に基づき，4名の代表発表者を選定し，コース全体での発表会を実施した。本稿では，事前の同意が得られたこの4名を分析の対象とする。

**結果と考察**：各プロジェクトの概要を表2に示す。4名のプロジェクトは，スポーツ大会での役員（A），和太鼓演奏会（B），家業手伝い（C），旅（D）であり，そこに根ざす価値も，自己（感謝の心をもつ，何かを学ぶ等），人間関係（他人の気持ちを理解する等），世界（何かを成し遂げる等）それぞれに関連する多様なものであった。これらのプロジェクトを通じて，大会や演奏会を支える裏方の存在の有難さ，価値観の違い（人によって，効果的な指導法が異なる），他者との深いつながり，人の優しさ，感謝されることの嬉しさ，働くことの大変さ，主体的に行動し計画的・継続的にやり切ることの大切さ，達成感などを得ていた。また，今回の学びから，コミュニケーション能力を高めること，日々の有り難さを忘れず生きること，粘り強く継続すること，自ら率先して行動すること等を，今後の課題として感じていた。

## 5　おわりに：人間教育をどう進めるか

　本稿では，スピリチュアリティの一側面である「大きな問い」に焦点をあて，問いを考える視点を提示する教養科目（実践1）や，価値に基づく課題探究型

表2　各プロジェクトの概要

| 対象者 | 価値と理由 | プロジェクト概要 | 感じたこと・学んだこと | 今後の課題 |
|---|---|---|---|---|
| A | 【価値】<br>・感謝の心を持つ<br>・他人の気持ちを理解する<br>・協力的である<br>【理由】<br>・支えてくれた家族や、成長させてくれたコーチに感謝を伝えたいから<br>・将来の夢のため | ●大阪市立高等学校水泳競技大会での競技役員<br>・2019年8月31日（土）9：00～16：30<br>・後輩へのアドバイス | ・先生方が多くさんの会議をひらいているということ<br>・(試合ができるのは)当たり前ではないということ<br>・役員の重要さ<br>・価値観の違い（効果的な指導法） | ・コミュニケーション能力を高める<br>・読書力を高める→本を読む<br>・視野の広さ<br>・日々を当たり前と思わず、多くの人にパワーを与えられる人になるため |
| B | 【価値】<br>・エンターテイメントを楽しむ<br>・協力的である<br>・何かを作り上げる<br>【理由】<br>・人々との交流を大切にする喜びを味わう<br>・個人、チームのレベルアップのため | ●敬老お祝い和太鼓演奏会<br>①2019年9月14日（土）<br>於：福島県いわき市立鍵東小学校<br>②2019年9月15日（日）<br>於：福島県川俣町立山木屋中学校 | ・以前交流したつながりがより深くなり、貴重な時間を共に過ごせた<br>・会場設営や片付けなどは、現地の方やボランティアの方々にもお手伝いいただきました人の優しさ、温かみを感じた<br>・終了後たくさんの方に感謝の言葉をいただき、やってよかったと思えた | ・個人、チームの演奏技術の向上<br>・色々な地域での公演数を増やす<br>・今回行ったような活動を継続できるか |
| C | 【価値】<br>・何かを学ぶ<br>【理由】<br>・一つでも多くのことを知り自分自身を成長させたいから<br>・将来の夢のため | ●家業（兼業農家）の手伝い<br>・2019年8月10日（土）<br>4：00～19：00頃<br>・実家、畑、葡萄山<br>・父へのインタビュー | ・時間が足りない（仕事量が多く）こと<br>・毎日継続すること<br>・早くから計画を立てることの大切さ<br>・継続してやり切ることの大切さ<br>＜インタビュー・調べ学習＞<br>・辛いこと＝休みがない<br>・楽しいこと<br>・一日の仕事を終えた時の達成感<br>・約7割の農家が兼業 | ・何事も計画を早く立てる（自身のキャリアに向けた準備）<br>・諦めず続けること |
| D | 【価値】<br>・勇気がある<br>・冒険好きな<br>・コミュニケーションが上手<br>・何かを成し遂げる<br>【理由】<br>・何事においても勇気は必要だから<br>・冒険を通じて様々な体験をすることで、人間力を向上できるから<br>・コミュニケーション力は社会人になった際に必ず必要だから<br>・達成感が自信につながるから | ●原付で淡路島一周<br>・2019年9月6～7日（金・土）<br>・約1万円（食費・交通費・宿泊費等）<br>・淡路島一周は約150km<br>(6時間程度)<br>・途中のコンビニで休憩に日本一周中の人と遭遇 | ・思っていた以上に旅をしている人が多かったこと<br>・自分から行動を起こさないと何も始まらないこと<br>・自分の力で目標を達成したときの達成感はすごく大きいこと | ・旅先で出会った人とも写真を撮ってこのプロジェクトを行った時と同じくらい自分を先立して行動していくこと、記録に残すこと |

の初年次教育（実践２）を報告した。最後に，スピリチュアリティ教育と人間教育との接点について簡単に触れ，本稿を締めくくりたい。

　人間教育は，「知に裏づけられた徳」を備えた「人間としての高次な在り方」を志向するもので，換言すれば「個々人のはらむ豊かで建設的な潜在的可能性の全面開花＝自己実現」（梶田，2016，p.177）を目標とする。そして，その実践においては，⑴自分自身を知り，常に自分自身の主人公になる，といった主体性の育成，⑵〈我の世界〉（内面的な豊かさや充実の追求）を大事にする，といった人間的な深さの実現，⑶思いやりの気持ちや，違いを認め合いながらの連帯，といった対他的側面の充実を図ろうとする。本稿で報告した「大きな問い」を中心としたスピリチュアリティ教育もまた，自分の人生の意味や，本当に大切にしたい価値に触れる機会を通して，「私だけの人生」の主人公として，その物語をどう紡いでいくか熟考し，行動に移すことを重視する。主体性や内面的な世界を積極的に掘り下げていく，という点で，人間教育と高い親和性をもつものである。

　教育という営みにおいては，学習者の自覚や欲求にかかわらず，社会的に望ましいとされる知識や技術の修得を促さざるを得ないときがある。しかし，そうした知識や技術（の一部）は，結局のところ，学び手一人ひとりが，「どこで，どのように，何のために生きていくか」と腹を括った状態であるとか，あるいは，自己を世の中に積極的に参与させているプロセスの渦中にある時でなければ，真に役立つツールとして身に付き難い。そして，そうした「生きる軸」が不透明なまま学習が進められることで，本来は手段や方法として学ぶべき事柄が，学習活動の目的となってしまうことさえある。本稿で概観した通り，生き方を巡る問いに立脚した教育は，結果として，能動的な学びの態度や，主体性，計画性，やり抜く力，コミュニケーション等のスキル獲得への動機づけの高まりをもたらす可能性がある。「『人間』という名に真に値する主体の育成」（梶田，2016，p. 175）ということを念頭におくとき，知識や技術の修得に汲々とするのではなく，それらを使いこなすべき存在である学習者は，その唯一無二の人生において，何を大切に，どう生きようとしているのか，という問

いに折に触れ立ち戻ることが，学習活動への動機づけを高め意味づけを促進するとともに，人間力の醸成を根底から支えることになるのかもしれない。

## 注

（1）日本心理学会第78回大会で発表されたデータ（村上，2014）に一部修正を加え，再分析した結果を報告する。

（2）当該実践は2018年度に試行的に開発された。高等教育における位置づけや詳細な手順については，村上ら（印刷中）を参照。

（3）「自己価値」には，勇気がある，何かを学ぶ，感謝の心を持つ等が，「人間関係で大切にしたい価値」には，謙虚である，コミュニケーションが上手，心が広い等が，「この広い世界で，大切にしたい価値」には，世の中をよくする，人助けする，何かを成し遂げる等が含まれた。

## 参考文献

Astin, A., Astin, H., & Lindholm, J. 『Cultivating the spirit: How college can enhance students' inner lives』San Francisco, CA: Jossey-Bass，2011

Chickering, A. W., Dalton, J. C., & Stamm, L. 『Encouraging authenticity and spirituality in higher education』San Francisco, CA: Jossey-Bass，2006

Ciarrochi, J., Hayes, L., & Bailey, A. 『Get out of your mind and into your life for teens: A guide to living an extraordinary life』New Harbinger Publications，2012（チャロッキ，J.・ヘイズ，L.・ベイリー，A. 武藤 崇（監修）『セラピストが10代のあなたにすすめるACTワークブック』星和書店，2016）

井上順孝責任編集『第11回学生宗教意識調査報告』國學院大學，2013

梶田叡一『人間教育のために：人間としての成長・成熟（Human Growth）を目指して』金子書房，2016

加曽利岳美「大学生の食行動が学習意欲に及ぼす影響」『心理臨床学研究』25巻6号　日本心理臨床学会，2008

Lindholm, J. A.「Methodological overview of the UCLA spirituality in higher education project」Rockenbach, A. B. & Mayhew, M. J. 『Spirituality in college students' lives: Translating research into practice』New York, NY: Routledge, 2013

村上祐介「Big Question尺度作成の試み」『心理学叢誌』8巻　関西大学大学院心理学研究科院生協議会, 2012

村上祐介「「大きな問い」の筆記が大学生の心理的側面に及ぼす影響」『心理学叢誌』9巻　関西大学大学院心理学研究科院生協議会, 2013

村上祐介「大学教育における大きな問いに関する予備的研究」『日本心理学会第78回大会発表論文集』2014

村上祐介「大きな問いを扱う教育が適応感に及ぼす影響」『日本教育心理学会第57回総会発表論文集』2015

村上祐介『スピリチュアリティ教育への科学的アプローチ—大きな問い・コンパッション・超越性—』ratik, 2016

村上祐介「第8章「大きな問い」とボランティア活動に関する研究—大学生のスピリチュアリティを育む一事例—」日本トランスパーソナル心理学／精神医学会『スピリチュアリティ研究の到達点と展開—日本トランスパーソナル心理学／精神医学会二十周年記念論文集—』コスモスライブラリー, 2019

村上祐介・大畑昌己・松久眞実・柿木章「「人間的な成長」を見据えた課題探究型初年次教育の提案—人生の価値と健康問題を中心に—」『桃山学院教育大学研究紀要』2号, 印刷中

小塩真司・中谷素之・金子一史・長峰伸治「ネガティブな出来事からの立ち直りを導く心理的特性—精神的回復力尺度の作成—」『カウンセリング研究』35巻　日本カウンセリング学会, 2002

Tisdell, E. J.『Exploring spirituality and culture in adult and higher education』San Francisco, CA: Jossey-Bass, 2003

特別寄稿

# 養成段階での社会情動的スキル育成は「学び続ける教員」育成へ繋がるか

教育心理学的知見からの一考察

高木 悠哉○たかき ゆうや

## 1　「学び続ける教員像」の基盤となる社会情動的スキルの重要性

　文部科学省（2012）による，「教職生活の全体を通じた教員の資質能力の総合的な向上方策について（答申）」では，「教職生活全体を通じて，実践的指導力等を高めるとともに，社会の急速な進展の中で，知識・技能の絶えざる刷新が必要であることから，教員が探究力を持ち，学び続ける存在であることが不可欠である」といった「学び続ける教員像」を示した。それは，文部科学省中央教育審議会（2015）による答申でも継承されている。田川（2017）は，これら2つの答申を俯瞰し，学び続ける教員が教育改革の柱となること，社会の現状と課題の基本的な構図は変化への対応とそれを生き抜く力の育成であり，その両方に資するものとして「学び続ける教員」が据えられていることを指摘している。このような観点から，教員養成課程においても，「学び続ける教員」の理念を実践的，実証的に検討する研究が数多く提出されている。たとえば，

現職教員の研修に焦点を当てた研究では，学び続ける教員として身につけるべき資質能力を教師に質問し，その要素が含まれている研修が多くの教育委員会等で行われていること（高橋ら，2018），大学，県教育委員会，小学校との連携で作成した研修プログラムにより，2年目教員の協働性が高まり，学校全体の取り組みの活発化が示される場合があること（前田・小柳，2017）が示されている。また，教員養成校が卒業して現場に出た教員と学生との交流を持たせ，大学での卒業した教員への成長支援体制を整えることが，現職教員のアクティブ・ラーニング型の研修の場としても機能し，現職教員を励ますことに繋がる可能性が示されている（中西ら，2018）。「学び続ける教員」に求められる力量としては，省察的実践（reflective practice）が挙げられ，リフレクションシートの作成（高根ら，2014）が挙げられている。

　文部科学省（2012）では，「学び続ける教員像」を踏まえて，これからの教員に求められる3つの資質能力が以下のように述べられている。①教職に対する責任感，探究力，教職生活全体を通じて自主的に学び続ける力（使命感や責任感，教育的愛情），②専門職としての高度な知識・技能，③総合的な人間力（豊かな人間性や社会性，コミュニケーション力，同僚とチームで対応する力，地域や社会の多様な組織等と連携・協働できる力）。

　これらの中で，②以外の2つは，主として学力等とは異なる社会情動的スキルに該当すると考えられる。経済開発協力機構（OECD）（2018）では，人のスキルを認知的スキルと非認知的スキルに大きく整理してとらえており，非認知スキルを「社会情動的スキル（Social and Emotional Skills）」と呼んでいる。社会情動的スキルは，目標の達成（忍耐力，自己抑制，目標への情熱），他者との協議（社交性，敬意，思いやり），感情のコントロール（自尊心，楽観性，自信）に分類される。このような能力は，定量的な測定が可能であり，また学習体験によって発達させることができると考えられている。「学び続ける教員」を教員養成課程で育成する上で，社会情動的スキルはその基盤となり，専門的知識や実践的技能のより良い習得に大きく影響を及ぼすことは想像に難くない。ただし，それらを直接的に育成する実証的研究はほとんどないと言って

良いだろう。講義科目でのアクティブ・ラーニングや協働的学習の実践や，学校インターンシップやボランティア，教育実習を通しての学校現場での学びの省察により，それらが基盤として身についていくことが想定されているのかもしれない。

　「学び続ける教員像」を説明する文言から推察される非認知的能力とは，簡単に諦めない力と考えられる。ただし，多忙を極める教育現場で，そのような行動を持続させることは非常に困難な取り組みであることも想像できる。たとえば，杉原（2012）は，新任教員の多忙，子どもへの対応，保護者への対応，職場の人間関係などの多面的な苦悩の存在を指摘し，その非常に困難な状況は，大学卒業時まで学んだことと学校現場の実情との間のギャップを生んでいることを指摘している。また，北海道大学，愛知教育大学，東京学芸大学，大阪教育大学による大学間連携による教員養成の高度化支援システムの構築教員養成ルネッサンスHATOプロジェクト（2016）による「教員の仕事と意識に関する調査」では，教員の悩み・不満として「授業の準備をする時間が足りない」が１位であり，「仕事に追われて生活のゆとりがない」が３位であった。また，学校の先生とはどのような仕事か，という質問の第２位に「忙しい仕事」，第４位に「苦労が多い仕事」が挙げられている。教育現場に出てから，探究心や学び続ける存在となるために奮闘することも重要であるし，実際に困難場面の克服から教師としての成長は実現可能と考えられるが，教員養成段階から，行動を持続させる社会情動的スキルを育成することも，その一助となるはずである。

## 2　養成段階で育成すべき社会情動的スキル

　「学び続ける教員像」を教師像とし，学校現場の現状を鑑みた場合，いくつかの社会情動的スキルについて，養成段階での育成が重要となると考えられる。具体的にそれらを列記し，その育成の可能性について概観する。

## ①レジリエンス（精神的回復力） ……………………………………………………

　レジリエンスとは，逆境にさらされたり，ストレスフルな出来事によって精神的な傷つきを受けても，そこから立ち直り，適応していくことができる個人の特性とされる（平野，2012）。現職教師のレジリエンスを尺度化した研究では，同僚性，楽観性，ユーモア，挑戦心，自分にとってのモデル，自律性，課題解決の7因子が示され，それらが高いほどバーンアウトが低くなることが示された（紺野・丹藤，2006）。挑戦性を尋ねる質問項目は「困難な問題にも進んで挑戦する」「教育に向かって一生懸命に取り組める」といったものであり，学び続ける教員像と教育現場の多忙に対応することが認められる。また，教師の主観的疲労感が教師レジリエンスの楽観性と挑戦心によって緩和されることも示されている（東條，2019）。

　一般のレジリエンス尺度としては，精神的回復力尺度（小塩ら，2002）や二次元レジリエンス要因尺度（平野，2010）が挙げられる。たとえば平野（2010）の尺度では，統御力を聞く質問項目に「辛い事でも我慢できる方だ」が見られ，行動力を聞く質問項目に「自分は粘り強い人間だと思う」といった項目が見られる。見てきたように，教育現場には環境的なストレス要因が多く存在し，一般にそれは避けることができない。いったん，精神的に不健康な状態になっても，いち早くそれを回復させることで，再び主体的に学び続けることが可能となるだろう。これらから，レジリエンスは教員志望の学生に育むべき非認知的能力ととらえることが可能であろう。

　教員養成課程でレジリエンスを高める介入に関して参考になる研究もいくつか存在する。佐々木（2017）は，女子大学生を対象に，教師になるために必要な能力や自覚，態度が身についているほどレジリエンスが高く，挑戦的であることを示した。さらに，目標・理想とする教師が存在し，どのような教師になりたいか明確で，具体的に答える機会が多いほど，レジリエンスが高いことを示した。したがって，レジリエンス育成のためには，まずもって教員を目指すという覚悟と自覚を高めるような課題が必要である。その際には，参考になるロールモデルが存在した方がよい。インターンシップや教育実習では，指導を

いただく先輩教員の先生方の助言はあっても，なかなかその教師像をじっくりと聞く機会は無いだろう。教員志望の理由として，入学時に過去に出会った教員を挙げる学生が経験的に多いことから，まずは，それら自身の理想の教員の教育観や信念，覚悟をじっくりと聞けるような取り組みを，講義外でプログラム化し実施していく必要があると考えられる。

### ②やり抜く力（grit）

　困難に立ち向かい，学び続けること自体を直接測定しようとする研究が，近年発展してきた。ダックワースら（2007）は，長期的な目標に向けての粘り強さと情熱をやり抜く力（grit）と名付け，それを測定する質問紙を開発した。彼女の研究では，やり抜く力が高い学生ほど学生の成績評価値であるGPA（Grade Point Average）が高いこと，過酷な訓練を脱落しないで耐えることができること，特定の競技会での成績が高いことなどが示された。教員養成課程で，やり抜く力というものを育成する必要性に関して，いくつかの実証的研究が指針となる。ダックワースの尺度の邦訳版（竹橋ら，2019）では，オリジナルの尺度と同様の結果を示すとともに，やり抜く力が高いものほど教員採用試験の突破率が高いことが示された。また，新任教員を対象とした研究では，やり抜く力が高いほど，離職率が低く，教師力が高いことが示されている（Robertson-Kraft & Duckworth, 2014）。

　ダックワースの提唱するやり抜く力は，性格特性における誠実性や自制心といった非認知的能力と高い正の相関関係を有しているため，従来の非認知的能力の枠組みでとらえられ，ラベルを貼り替えただけであるという議論や，尺度の妥当性の不備など，その有効性が限定的であるという批判的なメタ分析も存在する（Christopoulou et al., 2018）。まだ比較的新しい概念であるため，さらなる実証研究によるやり抜く力の概念的定義の再構築や，この効果の範囲について検証が望まれる。

　やり抜く力の育成に関する実証的な研究はこれまでに行われていない。ダックワース（2016）は，楽観主義や，知能は自分次第で変えることができると

いった成長志向のマインドセットを向上させることで，やり抜く力が向上する可能性を示唆している。実際に，それらとやり抜く力の間には正の相関関係が認められている（小助川，2019）。

　総合すると，やり抜く力の育成のためには，2段階の介入を行う必要があると考えられる。第1段階では，学ぶ態度の形成として，学生の楽観主義的な思考や成長志向のマインドセットを改善することである。これらの研究では，能力は努力によって伸びるという知識を繰り返し聞くことのみでも効果が認められることが明らかとなっている。最初は輪読等の協働学習でそれらの改善を試みる。第2段階として，学び続ける態度として，何らかの課題に実際に挑戦し，結果を検証していくような取り組みが必要である。たとえば，従来持っていなかった何かを実際に身に付ける活動を行うことで，より実感として自身の持った能力の変化をとらえられるだろう。そのような取り組みを通して，粘り強さや情熱に対する自身の振り返りも可能になると考えられる。

### ③行動の持続性

　諦めずに物事に取り組むことは，教育心理学における学業場面の研究では，活動に継続的に取り組む心理特性である持続性として知られている（赤間，2018）。大学生を対象とした研究では，心理学の講義を対象とし，その講義の機会コスト（学習のために他の時間を減らすことになる），努力コスト（学習のためにかなりの努力や勉強時間が必要である），心理コスト（よく理解できなかったらみじめになる）と，興味価値（授業が楽しい），実践的利用価値（将来仕事で役立つ）の高低が，学習の持続性に及ぼす効果を検討した研究が認められる（解良・中谷，2016）。結果として，努力コストが高いほど，2つの価値は学習の持続性に強く影響した。彼らは，価値の高い課題遂行時に，努力面で負荷があることは，一種のやりがいとして認知され粘り強い学習へと人を導くと解釈している。

　では，逆に諦める行動についてはどうであろうか。たとえば，市村・楠見（2019）は，ひらがな5文字のアナグラム課題を用い，文字を並べ替えて意味

のある単語を完成させる課題を用いて実験を行った。その際，どう並べ替えても単語が完成しない不可能問題を何問か提示し，その取り組み時間から諦め行動を検証した。結果として，諦め行動を重ねることは，問題への取り組みの持続性を低下させ，また，課題前半時点での自己効力感を低下させることを示した。また，課題の途中で解決方略を示した参加者では，低下した持続性および自己効力感が再び向上することを示した。課題開始前に解決方略を示した参加者では，課題前半の持続性の増加のみ見られたが，課題開始前の自己効力感は途中で方略を示した参加者より低下した。

　行動の持続性に関しては，それらが学業場面を想定していることから，学び続ける存在となるための基盤というよりは，探究心の基盤と考えてよいかもしれない。探究には１つの物事に筋道を立ててより深めていくような意味合いがあるだろう。教員養成課程の各専門科目や，教員採用試験に向けた試験勉強などがそれに当てはまるかもしれない。上述した実証的な研究が示すように，それらが学生にとって価値あるものでなければ，学生は行動を持続しない。さらに，学生が諦めようとしたときに，適切な解決方略を教員がフィードバックすることで，さらなる取り組みが促進され，また自信に繋がることが想定できる。

## 3　まとめ

　本稿では，教育現場で教師が「学び続ける教員」として活躍する基盤として，教員養成課程での非認知的スキルに注目し，その候補となり得るいくつかのスキルについて紹介を行い，教員養成課程でのそれらスキルの育成について可能性を検討した。従来，大学教育では学士力や社会人基礎力の育成が試みられており，それは教員養成課程でも行われつつある。また，各講義科目におけるアクティブ・ラーニングの導入により，学生の主体的で深い学びが実現されつつあると言えよう。それらに任せておれば良い，とも考えられるが，経験的にはそれらだけでは難しい学生の現状も思い浮かぶ。したがって，知識・技能の探求には行動の持続性を，学び続けることに関してはやり抜く力を取り上げた。

これらを直接的に育成するような実践的な取り組みは，未だ価値を失っていないどころか，教員養成課程での研究の蓄積も少ない。そのような取り組みから学生が体験する負荷に対しては，レジリエンスの向上が有益であろう。

　これらの考察を具体化していく上で，いくつかの留意点が挙げられる。最初に，単位取得でない講義外演習として実施することである。学生は単位や成績に敏感であり，それにとらわれることで，非認知的能力に対する知識的な側面のみが学習される可能性がある。また，述べてきたような能力は長期間の取り組みから育成されるものであるため，週1回×15回の講義スケジュールにそぐわない。第二に，失敗することに関しての安心感を持たせるための適切なフィードバックが必要だろう。失敗をどうとらえるかに関しては心理学場面で多くの実証的研究があるが，少なくとも失敗を肯定的にとらえることができない限り，粘り強さや課題への持続性は生まれないと考えられる。そのためにも，教員の適切なフィードバックや対話も必要となろう。単に褒めるのではなく，具体的な改善が必要である。結局，これらの実現には教師側の粘り強さと情熱が重要だろう。

　教師側が自信をもって諦めない心や持続的な取り組みが，将来，教師になる上で必要であることを実証的にも体験的にも語れることが重要である。そして，いきなり覚悟を持つことは難しいことも教師は理解しておく必要がある。教師になるために強く覚悟を持ち養成課程に入学した，という学生は過半数に届くだろうか。また，仮に強い意志を持っていたとしても，それは学生生活を通して様々に揺らぐ。そのような前提を持ち，学生の現状の語りに寄り添わなければ，コストの高い困難なハードルだけを与え，学生の課題への価値づけを減少させることになるだろう。今後，これらの考察を実践としてプログラム化し，実証的なデータを取得していくことを今後の研究課題としていく。

**参考文献**

赤間健一　「保育内容（人間関係）における持続性の扱い―生きる力としての持続性―」『福岡女学院大学紀要，人間関係学部編』19, pp.39-42, 2018

Christopoulou, M., Lakioti, A., Pezirkianidis, C., Karakasidou, E., & Stalikas, A. The Role of Grit in Education: A Systematic Review. Psychology, 9(15), pp.2951-2971, 2018

Duckworth, A. L. GRIT The Power of Passion and Perseverance, Scribner（アンジェラ・ダックワース　神崎朗子訳　『やり抜く力—人生のあらゆる成功を決める「究極の能力」を身につける—』ダイヤモンド社，2016）

大学間連携による教員養成の高度化支援システムの構築教員養成ルネッサンス・HATOプロジェクト　『教員の仕事と意識に関する調査』「国立大学法人 愛知教育大学」2016

Duckworth, A. L., Peterson, C., Matthews, M. D., & Kelly, D.R. Grit: Perseverance and passion for long-termgoals. Journal of Personality and Social Psychology, 92, pp1087-1101, 2007

平野真理　「レジリエンスの資質的要因・獲得的要因の分類の試み—二次元レジリエンス要因尺度（BRS）の作成—」『パーソナリティ研究』第19巻2号，pp. 94-106, 2010

平野真理　「生得性・後天性の観点から見たレジリエンスの展望」『東京大学大学院教育学研究科紀要』第52号，pp.411-417，2012

市村賢士郎・楠見孝　「課題への取り組みの持続性に及ぼす諦め行動と介入のタイミングの効果」『心理学研究』90(1), pp.1-10, 2019

解良優基・中谷素之「ポジティブな課題価値とコストが学習行動に及ぼす影響—交互作用効果に着目して—」『教育心理学研究』64, pp.285-295, 2016

経済協力開発機構（OECD）『社会情動的スキル学びに向かう力』明石書店，2018

紺野祐・丹藤進　「教師の資質能力に関する調査研究—『教師レジリエンス』の視点から—」『秋田県立大学総合科学研究彙報』第7号，pp.73-83, 2006

小助川瑠偉　「Gritを伸ばす要因の検討—興味の一貫性と努力の粘り強さに着目して—」『北星学園大学大学院論集』第10号，pp.1-11, 2019

前田康二・小柳和喜雄　「学校・教育委員会・大学の協働による「学び続ける教員」の育成—小学校若手教員育成システム開発事業1年目の成果と課題から—」『次世代教員養成センター研究紀要』第3号，pp.89-97, 2017

文部科学省中央教育審議会　「教職生活の全体を通じた教員の資質能力の総合的な向上方策について」（答申），2012（http://www.mext.go.jp/b_menu/shingi/chukyo/chukyo0/toushin/1325092.htm 2019年11月7日最終閲覧）

文部科学省 「これからの学校教育を担う教員の資質能力の向上について―学び合い，高め合う教員育成コミュニティの構築に向けて―」『中央教育審議会答申』，(http://www.mext.go.jp/b_menu/shingi/chukyo/chukyo0/toushin/1365665.htm 2019年11月7日最終閲覧) 2015

中西利恵・木村久男・井上律恵・曲田映世「『学び続ける教員像』の理念実現をめざした養成・育成システム構築の試み―養成教育と現職研修との有機的接続を促す実践―」『相愛大学研究論集』第34号(2)，27-34，2018

小塩真司・中谷素之・金子一史・長峰伸治 「ネガティブな出来事からの立ち直りを導く心理的特性―精神的回復力尺度の作成―」『カウンセリング研究』第35号，pp.57-65，2002

Roberson-Kraft, D., & Duckworth, A. L. True Grit: Trait-level Perseverance and Passion for Long-term Goals Predicts Effectiveness and Retention among Novice Teachers, Teachers College Record,116(3), pp.1-24., 2014

佐々木恵理 「教員養成課程における女子大学生のレジリエンスと教職能力，理想の教師像との関連」『岐阜女子大学紀要』第46号，pp.1-9, 2017

杉原真晃 「新人教員の苦悩に対して教員養成には何ができるか―リアリティ・ショックを想定した教員養成のあり方―」『山形大学大学院教育実践研究科年報』第3号，pp40-50, 2012

田川隆博 「『学び続ける教員』についての論点―二つの中教審答申の検討から―」『名古屋文理大学紀要』第17号，pp.55-58, 2017

髙橋均・米沢崇・鈴木由美子・大後戸一樹・木下博義・大里剛・中井悠加 「『学び続ける教員』を育成するための教員研修に関する調査研究」『学習開発学研究』第11号，pp.135-142, 2018

高根信吾・三澤宏次・新保淳 「『学び続ける教員』確立のために求められるリフレクションに関する研究（1）」『常葉大学保育学部紀要』第1号，pp.95-107, 2014

竹橋洋毅・樋口収・尾崎由佳・渡辺匠・豊沢純子「日本語版グリット尺度の作成および信頼性・妥当性の検討」『心理学研究』第89号6巻，pp.580-590, 2019

東條光彦「初任期教員の疲労感に影響を及ぼす身体的・精神的要因とその継時変化」『岡山大学教師教育開発センター紀要』第9号，pp.259-266, 2019

# 高校生料理人たちの自己実現への道：Case 4

反抗から「ミシュラン2ツ星」店へ，学校から社会への橋渡し

## 井上 信子○いのうえ のぶこ

### はじめに

　ひとりの高校生料理人が，3年生の10月，部活顧問である教師の「理不尽」に，「あなたにはついていけない」と反抗し，白衣を脱いで「調理クラブ」を去った。彼は，部長だった。考え抜いた末の結論であった。

　それから彼は，忍耐強く心を寄せる担任と，透明な丸皿に絵画のようなジビエ料理を描く若きシェフに見守られ，さらに彼の自立と幸せを願う「外なる師」の研ぎ師に導かれて，同月「ミシュランガイド2ツ星」[註1]店に就職を決めた。

　だが，翌春3月の筆者とのインタビューで，彼は，「先生（部活顧問）のある教えをなるほどと思った」と言った。就職先での研修2日目のことである。さらに5カ月後，「料理人の世界では親方が絶対。理不尽な世界」と悟り，「先生は『働く前の準備』をしてくれた。『その中で，自分で考えて行動すること』。それを知らなかったら僕はすぐ店を辞めていた」と，言葉少なに語った。

　筆者の中に，部活顧問の「こんなに大事に育てているのに，就職すると重労働のために，離職が多い業界なんだ！」と，怒髪天を衝く勢いとなった場面が甦った。

　いま日本には，低賃金，長時間労働に，なすすべもなく耐えている数多の若者たちがいる。料理業界における多くの若者たちもそこに位置すると聞く。だが，彼らは，その過酷な労働環境に適応し，反抗し，生き抜いていかねばならない。そのために学校では何を教えておく必要があるだろう？　さらに，理不尽な世界で「自分で考えて行動する」とはどうすることなのだろう？

　本稿では第一に，学校から社会への移行を考えるために，ひとりの高校生料理人の教師に対する「反抗」の過程と行方を，時期の異なる3回のインタビューからつまびらかにする。第二に，退部後の彼を支えて就職に導いた「外なる師」へのインタビューから，彼らが生き抜くために学校で教えておくべきことの知見を得る。第三に，彼らが「自分で考えて行動する」可能性の方向を探る。

　本稿の事例の料理人は，品のいい恥ずかしがりの青年である。彼の母校は三重県立相可高等学校食物調理科，先生は「調理クラブ」顧問の村林新吾教諭（村林，2008；2010）である。筆者は市井の自己実現者，すなわち「自己の資質や能力を最大限に発揮している人々」について研究する中で彼らに出会い，「技」の達成と「人格形成」が同時になされていく指導に瞠目し，その成長を報告してきた（井上，2018；2019a；2019b）。なお，相可高等学校食物調理科は，その高度な技術力と顕著な活躍が文部科学省からも注目され，2017年度にスーパー・プロフェッショナル・ハイスクールに認定された。

## 1　調査

（1）調査概要……………………………………………………………………
調査面接協力者Case 4：Hさん（高校3年生⇒日本料理店料理人）／藤原将志氏（研ぎ師・経営者）

日時：〈1回目〉X年3月31日（新人研修中），〈2回目〉同年8月18日（就職後5ヶ月），〈3回目〉同年10月6日（藤原氏。本例も同席）
方法：喫茶室でのインタビュー（非構造化面接），各回，約2時間。不足の情報は後日収集した。


（2）調査結果……………………………………………………………………
　以下，「　」内はHさんの言葉，《　》内は藤原氏の言葉，【　】内は筆者の言葉を，テーマごとにまとめて記した。
〈インタビュー1回目：X年3月31日〉
1．Hさんの生育歴と高校志望動機：父親は障害者福祉事業の経営者。「障害のある人たちが仕事に就く前に，農業や内職を教えてちゃんとできるようになってから送りだす仕事」をしている。母親も夫の仕事を手伝い共働き。3人きょうだいの中間子。幼稚園の頃は「絵を描く」のと「虫を獲る」のが好きな友だちとよく遊ぶ子だった。小学校高学年になると「面白くて楽しい」友だちとなら遊び，そうでなければ教室で寝ていた。虚弱だったので母親がテコンドーを見つけて小学1年から兄と9年間続けた。中学時代，得意な科目は「美術と体育」。中学1年次はまじめに勉強して学級委員もしたが，2年次は「ぐれました」。「楽しい方に流されて，クラスでひとり髪を赤茶色に染めて，不良たちに近づき担任に反抗しました。でも，そのとき，親は何も言わなかった」。2年の終わり「高校進学と将来」について父親と話し，「好きなことを職業にしたい」と思った。小学校時代「父親と海で釣りをして捌いて料理し，母親の料理の手伝いもよくして楽しかったことを思い出した」。3年の初め，父親から「別に髪を染めてもいいけど，自分の首を絞めているのは自分やからよく考えろよ」とひとこと言われ，「これで人生が決まるのかと思って（反抗が）終わった」。その後，父親が「俺も染めるかな」と言い，Hさんが父親の髪を茶色に染めたが，2週間後に「やっぱり，戻して」と言うので再び彼が黒に染め直した。母親からTVドラマ『高校生レストラン』を教えられ，相可高校生が実際に「接客やレストラン経営をしているところ」に惹かれ，進学先を相可高

等学校食物調理科に決めた。両親は「本気でやる気なら応援する」と言い，担任は「僕のためだけの質問を考えて模擬面接をしてくれた」。決めてから一切迷いはなかった。

2．「三重県立相可高等学校食物調理科」入学，「調理クラブ」入部：「調理クラブ」の現実は厳しく村林先生にたくさん叱られた。第一関門の「胡瓜切り」は，先輩に教えてもらっていっぱい手を切ったが「やるしかない」し，人に「負けたくない」思いで，先生から教えられたやり方を忠実に守ってとにかく練習を重ねて合格した。【叱られたときの対処法は？】１年次は明らかに自分が悪い場合は「すみません」と言った。だが，「そうでないときは，黙って，黙々と仕事をしていました」。【すごく叱られたときは？】「学校で人がいなくなってから物に当たってました。壁に蹴り入れたり，殴ってみたり，大声だしたり」。【叱らないでほしいですか？】「叱ってほしいけど，ちゃんと叱っていただきたいです」。【「ちゃんと」の中身は？】「ただ罵声を浴びせかけるだけではなくて，説明をしてほしい。そうすれば自分もわかりやすいし，納得します。でも，罵声をくらわした方が危機感を持つのかもしれないですけど……。①叱って，②ちょっとしてから（考えさせるため），叱った理由を言い，③改善策を示す，のがいいと思う」。「先生の言動は，ただの爆発と自分で考えろ，の両方があったと思います」。

3．将来の「夢」：夢は「自分の店をもつ」こと。高校１年の終わり頃にそう思うようになった。それまでは正直「下っ端が楽，言われたことをやっていればいい，究極の２番手になろう」と思っていた。だがそれだと「自分の料理を出せない。お金の面も考えて，オーナーの方がいいと考えるようになった」。【変化のきっかけは？】「藤原さんから『お前，将来，店開いたとして手取りで月にいくら欲しい？』と聞かれて，『30万』と答えたら，少な過ぎる，最低50万から100万だろう」と言われ，「お金も大事だ」と気づいて「オーナーになろうと思った」。さらに藤原氏は「店においてスペシャリテが大事だ。名物料理が原価３割で，一年を通して応用が効いて毎回注文されたら最高なんじゃないか，儲かるんじゃないか，勝負はスペシャリテの自分の料理なんじゃない

か」と教えてくれた。【30万の数字の根拠は？】「自分は，先輩の給料が10万
だったから，その３倍で30万，多いかな!?と思った」。

４．研修の経験：在学中に３回行った。①２年次，料亭８：00～19：00「皿洗
いばかりで楽しくなかった」。②２年次，料亭７：00～16：00「八寸 <sup>(註2)</sup> が斬
新。盛り付けもきれいで，見るもの，聞くもの，すべて新鮮。料理長，厨房内
の人たちの人柄がよくて安らぎと安心感があった。夜も研修したかったが『帰
れ』と言われた。」③３年次，サンフランシスコのレストランとオーベルジュ
「見学しました」。

５．「調理クラブ」退部：３年の９月半ばに，部長になった。だがＨさんはそ
の翌月10月には調理クラブを辞めた。部長としての活動は半月だった。先生の
指導には，「おかしい」，「理不尽」と感じるところが積もっていた。それで先
生に言おうと決心した。決め手になった理由は，以下である。

「①出身が三重県でないという理由で『部長はさせられない』と言われてき
た。しかし，相談・説明なく突然，部長に指名された。②部員全員の前で『Ｈ
のようになったらだめ』という発言があった。③先生の指示ミスによる失敗を
一方的に叱責された。④料理コンクールの出品に際して，料理に先生の納得が
必要だった。⑤三重県以外での就職を反対された。」①と⑤は，相可高等学校
が三重［県立］で，実習場である「まごの店」も多気町民の多額の税金が投入
されている（村林，2008，p.146），という事情であろうか。

Ｈさんは，反抗を示す前に父親が経営者なので相談した。すると「こういう
ときは落ち着け。経営者として部下を簡単に切り捨てるような人でなかったら
考えるはずやから。怒りを露わにしないで，下から徐々にいく」と言われ，母
親は「自分の好きなようにやればいい。お父さんそっくり」と言った。それ
で「自分なりに下からいって（先生を立てての意味），（①から⑤を伝え）どう
したらいいですか？　って，質問の形で聞いたんです。『辞めろ』ではなくて，
『考えろ』と言われるなら，先生も何かしら『考え』てくれるだろうと思って
したけど『辞めろ』と第一声で言われて，それはだめだろうと思って辞めまし
た」「僕が辞めることで先生が変わるんじゃないかな，というのがあったけれ

ど，結局，若気の至りでした」。筆者が【自由を求めた反抗かな？】と問うと，Hさんは「家の人がそうじゃないから，外の人に感じるのかな」とぽつりと言った。

退部後，担任が「いい経験したんじゃないかな。大人になったらわかるよ」と言ってくれた。Hさんが憧れるジビエ料理のシェフは「辞めたけど，最後に先生に感謝の言葉を述べてこい。そうすればあとあと戻れる」とアドバイスをくれた。

6．就職：「研ぎ」の師である藤原氏に退部を報告し，就職について相談すると人を介してお店を紹介してくれた。親方との面接があった日，師は三重からついて来てくれた。【決め手は？】「修行先にぴったり。人数が多くなくて，料理に変化がある」。入店してみて「僕はまだ仕事を始めて（研修）2日だけど，村林先生の教えをなるほどと思った。（「まごの店」での怒号）『できないやつは帰れ！』『ここで練習するな！』（井上，2019b，p.168）は間違いないです。最高の料理に相応のお金をいただいているのだから，満足いかなければお客さんも嫌」。いま「（お店は教えるとき）どなり声はありません。でも，肝心な仕事はやらせてもらえない。ちゃんとできるようになるまで時間がかかる。信頼を得てからです」。

〈インタビュー2回目：X年8月18日（就職5カ月目）〉

1．【いま，職場はどうですか？】声のトーンが下がり，「いまの店では自分は一番下で，皿洗い。ほんの少し料理をさせてもらえるときがある。ふつう1年目ではできないことができてしまう。すると『お前すげぇなあ』と上の人が評価を上げて，つぎにできなかったとき『何にもできねぇなあ』と下がり具合がひどい。仕方ない，1年目だから。最初が上だと下がるしかない。下で上に行くのがいい」。これを聞いた瞬間，筆者は思い出した。村林先生は生徒を社会に送りだす際に『ここで習ったことは全部ここに置いていけ』と厳命している。仕事ができて上の料理人に脅威を与えれば，『生意気だ』と早々に潰される可能性があるからである。

2．【いま，「調理クラブ」を辞めたことをどう思いますか？】「しょうもない。

こんなこと社会に出たらまったく通用しない。（村林先生に）言えただけで幸せなのかなぁ。言える環境だった。『親方を立てながら，でも自分の言いたいことを伝えていく』という話し方を，18歳で経験できたのかな，と思います。でも，後輩に悪い影響を与えた。何で辞めたのか思いが伝わっていない。辞めていいんだと思わせてしまった。後輩を育てられなかった」と責任を果たせなかった後悔を滲ませた。部長であったから，なおさらであろう。

3．【いま，村林先生のことをどう思いますか？】「先生の教え子でよかったなぁ。料理人の世界は親方が黒と言ったら，白も急に黒になる理不尽な世界。その中で『自分で考えて行動すること』。これを知っていなかったら，僕もすぐ辞めていたろうと。社会に出る準備段階としては良かったのかなと。5ヶ月くらいたって思うようになった」と静かに語り，最後に「でも，（先生の）だめなところはだめだから」と背骨がしゃんと立った。

4．【村林先生が一番伝えたかったことは何だと思いますか？】「働く前の準備段階。こういう現実があることを教えてくれていた」。

5．【教師というものに望むものは何ですか？】「生徒一人ひとりのことをちゃんと考えてくれること。小学校も高校3年のときも，真剣に応えてくれる先生（担任）に出会えてきていまの自分があります」。

6．【いま，料理は？】「仕事って楽しいと思っていたけど，楽しいことはひとつもない。でも，親方はかわいがってくれます。親方は全国の産地を回って，本当にいい食材を仕入れて，手間暇かけて料理を作っていて，今度，食材の産地にいっしょに行こうと言われています」。筆者が【いまが踏ん張りどころかもね】と言うと，「そうです！」と，力強い返事が返ってきた。

7．【自分について】「楽しいことしかしない人。気持ちが出来上がっていない。自分に甘い。もういいだろう，と思ってしまう。長所は，負けず嫌い。短所は，やる気の波があること」。【自分にとって相可高校は】「料理の世界に真剣にどっぷり深く浸かったきっかけの大本。相可の食物調理科で正解だった。普通科だったらだらけていた」。【ストレス発散法は】「改善策を求めること」。【後輩へのメッセージは】「部活を辞めないで，続けてほしい」。

　最後にHさんは，いずれ海外で料理の仕事がしたいから，英語を話せるようになる方法を教えてほしいと筆者に依頼した。

〈インタビュー3回目：X年10月6日藤原将志氏，Hさん同席〉

1．【高校生料理人たちに最も伝えたいことは？】藤原氏が，相可高校生たちに無償で包丁の研ぎを教えるようになってY年になる。早朝から夕刻まで授業と部活で活動し，疲れ果てているのに，自転車を20分漕いで「包丁の研ぎ」を習いに来る生徒は限られている。Hさんの学年は当初8人いたが，3年間通い続けたのは2人だけだった。この段階ですでに「自主性」という意味で選ばれし高校生に対し，氏が最も大事に伝えているのが「野心を持つこと」である。《まず，お金に対する罪悪感を払拭する。そして野心を持つ。生徒たちは徒競走ひとつにしても競争のない世界で生きてきている。1番でもビリでも拍手で迎えられ，同じ扱い。だから，悔しくない。ゆえに野心の持ち方がわからない。悔しいから，なんとかしようと切り拓く力，突き抜ける工夫が出てくる。学校では，行き過ぎない程度の競争で野心を育てる必要があると思う。職業的自立を含む，人としての全的な自立を果たしてほしい》。

2．【Hさんの部活顧問に対する反抗をどう見ますか？】《よくやった。生徒の立場で勇気を出して自分の意志を貫くのは大変なことだったと思う。捨てるものもあった。そうそうできることではない貴重な経験。そして，人（藤原氏）を動かし，結果，自分の道を拓いた。さらに就職して，数日，数週間で辞めていく若者がごまんといる中，辞めないでいるだけでもすごい。つらい時期だと思う》。

3．【「月収50万〜100万を目指せ」の数字の根拠は？】《料理人は拘束時間がとても長い。それだけの拘束時間でお金がなかったらリスクヘッジ（危機管理）ができない。例えば，病気になり，お店は借りていてぎりぎりの営業，2カ月入院したら家賃が払えず潰れる。だから何かあっても続けられるだけの貯蓄が極めて重要。さらにつぎの展開のためにも，お金が必要。たとえ料理の腕がよくても客が来なければおしまい。つぎに横の人間関係。宣伝力にもつながる。開店して来てくれる仲間，それも客単価2万円としたら，それで何回も来てく

れるそのレベルの仲間，さらに勉強熱心でコラボしていける実力のある仲間が必要。店を持ちたいなら，どこに，何の店を，いつまでに……と自問して，そのためには逆算して，いま何を，いつまでに何ができていなければならないか，を理解し計画実行する，などを学校が教えておくべきです》。

　紙幅の制約で，本稿ではインタビューのほんの一部しか記せない。藤原氏は，失われゆく「研ぎの文化」を会社経営という戦略を通して復興しようと志す方である。氏は，これらを筆者に語りながら，Hさんに聞かせていた。

## 2　考察

　ひとりの高校生料理人の教師への「反抗」に焦点を当てて，学校から社会への移行過程と行方を報告した。さらに，若年層の過酷な労働環境に対し，学校教育で何を教えておくべきかについて，本例の「外なる師」より示唆を得た。これらを考える素材として，若き料理人らが「自分で考えて行動する」可能性の方向を考察する。

### （1）青年の自立闘争……………………………………………………………

　本例の反抗の相手は，中学でも，高校でも，親ではなく「教師」であった。そこで親子関係に目をやると，父親は弱者に寄り添い，わが子を信じてまかせ，冷静につぎのステップを踏ませている。しかも，本例に髪を染めてもらうなど，青年の内的世界を共有しようとする姿も見られる。母親も，虚弱だった本例のためにテコンドーを，調理学科志望ゆえに『高校生レストラン』を見つけ，また本例を信じて見守り，本例は子を思う母の愛に包まれていた。そこには，青年が倒すべき，乗り越えるべき「壁」が存在しない。「家の人がそうじゃないから，外の人に感じるのかな」という本例の言葉が示唆的である。

　他方，村林教諭は，調理クラブで「頑固親父」を自任してその役割を担い，また意識的に「料理長」として振る舞い，卒業後に生徒が入っていく「理不尽」な社会を高校の調理室にある程度現出していた。ゆえに村林教諭が青年の

「反抗」の対象になることはむしろ必定である。どれほど過酷な職場が待っているか，折に触れて言って聞かせても言葉では伝わらない。だが，世の料理長さながらの対応により，本例は「理不尽」を一発学習し，身に染みた。料理人の世界を教える人として求められたのが村林教諭である。ゆえにそれも教諭に期待される一面であるのかもしれない。

　だが，このでき事で最も重要なのは，本例の「（村林先生に）言えただけで幸せなのかなぁ。言える環境だった」の言葉である。本例は，反抗によって先生から「切り捨てられる」と微塵も思っていない。つまり，どんなことを言っても，先生は自分を「捨てない」という「絆」が根底にあるからできた反抗なのである。これが土居（2019，p.308）の「甘え」である。本人に甘えている自覚がない。だから実子は反抗するが，養子は遠慮する。離職した卒業生が村林教諭に相談に来る。彼らは異口同音に言う。「先生の厳しさには愛があった。でも，職場のはそうではない」。社会に出て，はじめてわかることがある。

　頑固親父が壁のように立ちはだかり，そういう父親に反抗して息子は主体的に他者を頼りながら，精神的に自立し，社会に船出した。だがその社会は「理不尽」なだけでなく，過酷な労働環境でもあったのである。


## （2）現代日本の「若年層」の過酷な労働環境と「雇い主」の状況…………

　厚生労働省（2017）によれば，平成27年高卒の「宿泊業・飲食サービス業」の就職者数は11,366名で，その内，1年目に3,478名，2年目に5,647名，3年目に7,179名（累積）が離職している。すなわち，3年以内に63％が辞めていることになる。再び，厚生労働省（2016a，p.9）によると，高卒「宿泊業・飲食サービス業」の初任給は，高卒男子163.8千円，女子156.7千円である。さらに菅原（2018，p.7，次頁図1）によれば，総月間実労働時間は15業種のうち「運輸業，郵便業」が最長で，そのつぎに「宿泊業，飲食サービス業」が長時間働いている。が，給与水準は最も低く，過酷な労働環境が浮き彫りにされている。

　他方，雇用主側の状況はどうであろうか。厚生労働省（2016b，pp.50-51）

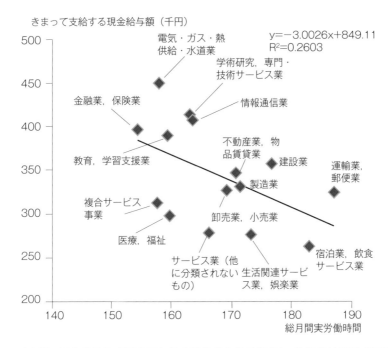

きまって支給する現金給与額（千円）

$y=-3.0026x+849.11$
$R^2=0.2603$

（出所：厚生労働省「平成29年賃金構造基本統計調査」、総務省統計局「毎日勤労統計調査　平成29年分結果確報」より大和総研作成）

図1　産業別，一般労働者の賃金水準（2017年）（菅原，2018，p.7）

によれば，大手スーパーやコンビニの惣菜・弁当の拡充により，外食の需要が減少して売上高が下がっている。従業員1人あたりの純利益が18万，材料の高騰化，建造物の老朽化などが追い打ちをかけ，特に個人経営は苦しい状態にあるのが如実である。労使双方に大変な時代といえよう。ただ，一方的な雇い主側の搾取がある場合もあると聞く。

　和食はユネスコの無形文化遺産に2013年に指定されたが，現在，国内では衰退しており，異業種の参入，客単価の高さのため多くの日本人の口からは遠のき，名門料亭が閉店を余儀なくされている（渡辺，2018，pp.5-8）。生き

残った名店も『ミシュランガイド』を見て来た，という中国などの富裕層が席を占めることが少なくないようである。

今日でも「実業界の父」と称される渋沢栄一の経営哲学は，著者のカバーの記載によると「利潤と道徳を調和させること」（渋沢，2014）であった。渋沢は，現在も日本実業界の一翼を担うおよそ470もの会社を設立したが，常に「忠恕—相手に対して良心的で思いやりある姿勢を一貫するという考え方を通した」（渋沢，2014，p.37）。また「実業とは，多くの人に，モノが行きわたるようにするなりわいなのだ。これが完全でないと国の富は形にならない。国の富をなす根源は何かといえば，社会の基本的な道徳を基盤とした正しい素性の富なのだ。そうでなければ，その富は完全に永続することができない」（渋沢，2014，p.15）と記した。

100年前に，渋沢氏が喝破した資本主義のこの問題点に立ち返り，願わくば，労使双方の忠恕の姿勢における労働環境の改善，改革を実現するために，学校で生徒たちは何を学んでおいたらいいであろう？

生徒たちは就職するとまず，この業界に「適応」しようとする。だが，低賃金，長時間労働等の労働環境の過酷さに驚き，多くの若者が辞めてしまう。学校で教えられていなかったからであろう。だとすれば，最も重要な教育は，村林教諭が体当たりで伝えていた料理業界の「過酷な現実」を知らしめることである。本例は，その過酷な現実に加え「その中で自分で考えて行動すること」を教えられていた。青年はそこで自分の「人生（設計）」を考えざるを得ないであろう。よって，逆算して，高校で学んでおく必要があるのが，労働に関する法律一般，社会保障一般，図1のような産業別の様々な数値データ，各産業が果たす社会的役割の知識などであろう。それらにより「社会の中での自己の位置，存在の意味，ある程度の将来予測」が知的・現実的に見えてくるからである。この段階で，雇い主の搾取や矛盾に立ち向かう，すなわち「抵抗」する場合も，これらは必要不可欠な知識やデータとなろう。

さらに，仕事を継続し野心があり，「外なる師」による地に足の着いた金融経営戦略計画等が教えられていれば道が拓かれよう。そして成功すれば経営

者としての自信がつき，余裕ができて社会貢献を考え始める可能性が高まろう。例えば，日本料理という尊い日本の伝統文化を守るために，若者を大事にして労働環境を改善しようとするかもしれない。そのとき人々を説得し既得権益に「抵抗」して「改革」を推進する背景には哲学がいるであろう。ゆえに，逆算して，感性が鋭敏な高校時代に，経営哲学，労働運動の歴史が教えられ，「実業家の偉人伝」を熟読し感銘を受ける機会があると，「改革」の種が蒔かれ，やがて種が発芽して社会「改革」へと歩が進む可能性が高まるのではないであろうか。取り分け「偉人伝」は，志高き人格と正当な富の形成に寄与するのではないであろうか。かように高校時代に生徒が「自分はいかに生きるのか」の問いを追求するように導く教育が必要であると考えるものである。

　ここまで「適応」「抵抗」「改革」という方向（それぞれの段階で留まることを含む）を見てきた。ちなみに前述した本例の研修先で，その人柄により安心感を与え，高度な技を見せ，労働時間に配慮して本例に「帰れ」と指示した料亭の料理長は相可高校の卒業生で，村林教諭の教え子である。ここに改革の兆しがほの見える。「三重県への恩返しと食文化の向上を志して」故郷に戻った料理長は，30代前半の若さで店に「ミシュラン１ツ星」をもたらし，早春に独立する。実は，この料理長は次節の天才シェフと同じ「橋」を渡っている。もう一つ別の生き方の「方向」を見てみよう。

## （3）料理人が「蛹から蝶」に羽化するとき……………………………………

　筆者は，ふと，長時間労働という厳しい状況を，Ｈさんはどう受け止めているのか，と思い，メールで聞いてみた。すると「仕方ないです。丁寧な仕事と手間をかけないとお客さんに喜んでもらえないと思います」と返信があった。その瞬間，筆者は，フレンチレストランを開店してから１年５カ月で，「ミシュラン３ツ星」を獲得した米田肇というシェフが選んだ生き方の「方向」を思い出した。その料理に魅了されたフリーライターが聞き語りで書いた『天才シェフの絶対温度』（石川，2017）から，少し長いが引用しよう。

「学校で料理を習うことと，厨房で料理を作ること（中略）それは，決定的に違うことなのだ。学校の主人公は自分だ。自分が料理を身につけるために勉強をする。厨房で料理を作るのは自分のためではない。お客さんのために作るのだ。お客さんを満足させること。それが，料理人が料理を作る唯一の目的なのだ。」

「であるならば，肇がなすべきことは明らかだ。全身全霊でシェフの手助けをすること以外には何もない。シェフがいい料理を作るという，厨房全体の目的と一体になって初めて，自分の仕事に意味が出てくるのだ。そんな当然のことがわからなかった。自分のことだけを考えていたからだ。」

「世界は二通りの人間で成り立っている。夢を現実にする人と，夢がいつまでも夢のままの人。（中略）主役と，脇役。／（中略）二通りの人間の間には，深くて広い川が流れている。／ただし，その川には１本の魔法の橋がかけられている。／心の底から，すべてを自分の仕事と思うことのできた人間にだけ，その橋は見える。」

「月給11万円では，いくらなんでも割に合わない。と，普通は考える。／それがつまり，その橋を見えなくしている魔法の正体で，たいていはそこで躓いてしまう。（中略）これが，人類の歴史が始まって以来，あらゆる文化圏で語り継がれてきた献身ということについての真理だ。／与えることによってしか，得られないものがこの世にはある。」

「肇も我が身を捨てる覚悟を決め，その橋を渡ったのだった。／その日から，肇は変わった。」

「あたかも，蛹が蝶へと羽化するように。」（石川，2017，pp.149-153）

「献身」は，煩悩を消していくように感ずる。

「『親方を立てながら，でも自分の言いたいことを伝えていく』という話し方を，18歳で経験でき」，「丁寧な仕事と手間をかけないとお客さんに喜んでもらえないと思います」という本例は，これからどこへ向かうのであろうか。

おわりに

　本稿では，ひとりの高校生料理人が傷つきながらも「自由」を束縛する対象に反抗して自立を果たしていく様を，学校から社会への移行の文脈で描いた。つぎに，彼の「外なる師」から社会に出る前に学校で教えておくべきことの示唆を得，厳しい労働環境にある若き料理人の行く方向として「適応」「抵抗」「改革」を考え，逆算して，高校で教えておくと望ましい内容を考察した。最後に「献身」の方向を連想し，それは「この世に完璧というものはない。ただ完璧を追い求める姿勢があるだけ」（石川，2017，p.248）という職人魂に至る道ではないであろうか，という問いが残った。

註

（註1）「ミシュランガイド（Le Guide Michelin）」は，仏の世界的タイヤメーカーが仏全国のレストランとホテルを厳選し，独自に判定，格付けした，現在，世界的権威があるといわれる旅行ガイドブック。2007年，日本（東京）に上陸。日本版ミシュランによれば，1ツ星は，そのカテゴリーで特に美味しい料理，2ツ星は，遠回りしてでも訪れたい料理，3ツ星は，そのために旅行する価値のある卓越した料理，である。繊細な日本人が作る文化の結晶の料理を，主として外国の調査員がわずか数度の来店で正しく評価できるのか，という疑問が残る。（『ミシュランガイド東京2019』2018ミシュランタイヤ）

（註2）日本料理で，酒肴とする料理を数種，少しずつ一皿に盛り合わせたもの。最初に出され，「口取り」ともいう。

引用文献

土居健郎『「甘え」の構造』弘文堂，2019，p.308

井上信子「高校生料理人たちの自己実現への道：Case1（高校1年生）—喜びの源泉たる『学び』と自己調整学習」梶田叡一責任編集・日本人間教育学会編『教育フォーラム62』金子書房，2018，pp.122-137

井上信子「高校生料理人たちの自己実現への道：Case2（高校2年生）—中学・高校の『部活』で積み上げる『知性』と『自己彫刻』」梶田叡一責任編集・日本人間教育学会編『教育フォーラム63』

金子書房，2019a, pp.137-151

井上信子「高校生料理人たちの自己実現への道：Case3（高校3年生）―国内・海外研修で得た「知足」「感謝」「生き抜く力」梶田叡一責任編集・日本人間教育学会編『教育フォーラム63』金子書房，2019b, pp.166-180, p.168

石川拓治『天才シェフの絶対温度―「HAJIME」米田肇の物語』幻冬舎文庫，2017, pp.149-153, p.248

厚生労働省「平成28年度賃金構造基本統計調査（初任給）の概況（平成28年11月17日）」2016a, p.9
https://www.mhlw.go.jp/toukei/itiran/roudou/chingin/kouzou/16/dl/02.pdf（令和元年10月10日取得）

厚生労働省「平成28年11月　飲食店営業（料理店）の実態と経営改善の方策」2016b, pp.50-51
https://www.mhlw.go.jp/file/06-Seisakujouhou-10900000-Kenkoukyoku/0000170205.pdf（令和元年10月10日取得）

厚生労働省「新規高卒就職者の産業別離職状況」2017
https://www.mhlw.go.jp/content/11650000/000556476.pdf（令和元年10月10日取得）

村林新吾『高校生レストラン，本日も満席。』伊勢新聞社，2008, p.146

村林新吾『高校生レストラン，行列の理由。』伊勢新聞社，2010

渋沢栄一著・守屋　淳訳『現代語訳 論語と算盤』筑摩書房，2014, p.37, p.15

菅原佑香（大和総研政策調査部）「産業別に見た長時間労働の実態と課題―生産性向上による残業減少の成果を賃金に還元させる視点が必要」2018, p.7（令和元年10月10日取得）
http://www.dir.co.jp/report/research/policy-analysis/human-society/20180330_020030.pdf

渡辺康博『日本料理はなぜ世界でいちばんなのか―わたしが「吉兆」で学んだ板場道』あさ出版 2018, pp.5-8

**謝辞**

　終始，真摯にインタビューにお答えいただきましたHさん，藤原将志様（月山義高刃物店包丁研ぎ師，日本包丁研ぎ協会代表理事）に深く感謝申し上げます。村林先生に拙論をお見せして，修整・削除が必要な部分がございましたらお知らせください，という筆者からのお願いに対して，先生は一語の修正・削

除も申し出られませんでした。改めて村林先生の生きざまに敬服し，研究協力に厚くお礼申し上げます。

# あとがき

　これからの時代，何よりもまず，人間力である。人付き合いもよく，仕事も
うまくこなせ，個人生活も充実し，自分なりの信念・志をもって毎日を生きて
いると同時に，失敗や挫折を乗り越えていく精神的なタフさ，最後までやりと
げる粘り強さ，また精神の柔軟さとイマジネーションの奔放さ，他の人の心情
に気持ちを配れ，内面洞察のできる共感性，困った人や悲しんでいる人に寄り
添い援助しようという慈愛の気持ち，が欲しい。

　しかしながら，こうしたことは，一朝一夕で実現するものでない。さらにいえば，
こうした人間としての基本的資質は，小・中・高・大で良い成績を取ること，有
名大学等を卒業するといった輝かしい学校歴を実現することは無関係である。

　ではどうすればいいか，である。一人一人が小・中・高・大と学校生活を送っ
てく中で，様々な課題と取り組み，体験し，気づき，反省反芻し，次のステッ
プに生かす努力をし……といった形でしか，人間そのものを強く豊かにし，深
くしていくことは不可能である。こうした過程で優れた指導者との出会いが実
現することは，単に望ましいだけでなく必須の意義を持つ。ひるがえって考え
てみるならば，このことは人間教育を目指す我々に対し，痛切な課題を突きつ
けるものではないだろうか。

　この特集では，執筆の方々に，こうした重い課題について，それぞれの立場
から提言していただいている。学校教育は教科・領域の教育活動の束としての
面を持っているので，特にそうした具体の場での工夫についても述べていただ
いている。読者の方々の参考となる点があれば幸いである。

　AI（人工知能）時代の到来とか，国境のないグローバル化の進行とか，社
会の急速な変化に対応していくための資質能力をイメージしながら，目の前に
今居る子供達が日々少しずつでも伸びていってほしい，という思いでの取り組
みが学校現場にはある。お互いの支え合いの中で，こうした日々の教育的取り
組みが真の人間教育の大道を歩んでいくことを，心から期待したい。

（梶田叡一）

# 日本人間教育学会News

　2019年度5年目を迎えた日本人間教育学会は，その趣旨にご賛同いただける皆様のご協力をいただき，順調に会員数も増加しております。また，学会大会につきましても，年間1回のペースを保ち，会員の皆様のみならず，多くの方々にご参加いただいており，毎年盛況に終えることができております。

　2019年度の学会第5回大会は，2019年12月7日（土）桃山学院教育大学にて開催いたしました。開催にあたり，大阪府，大阪市，堺市それぞれの教育委員会に後援を賜りました。ここに感謝を申し上げます。2019年度の大会スケジュールは以下の通りでした。

午前

| 9:30〜<br>受付 | 10:00<br>全体会 | 10:15〜10:45<br>講演1 梶田叡一<br>学会会長 | 10:50〜12:20<br>講演2<br>溝上慎一　桐蔭学園理事長 | 12:20<br>昼休憩 |
|---|---|---|---|---|

午後

| 13:00〜13:30<br>「11人の侍」<br>実践報告　村上祐介<br>桃山学院教育大学講師 | 13:45〜15:45<br>分科会<br>口頭発表 | 15:45<br>休憩<br>移動 | 16:00〜16:20<br>総会<br>閉会式 |
|---|---|---|---|

　午前中は，当学会会長の梶田叡一先生（桃山学院教育大学学長）より，「新たな学習指導要領・指導要録で求められるもの」と題した講演をいただきました。新学習指導要領で大切にされている理念の紹介とともに，そこに垣間見える人間教育の理念を大切にすべきとの考えが示されました。特に，新しい時代における「人間力＝生涯にわたって人間らしく生き抜いていく力」の育成やその評価をどのように行っていくか，事例や教育実践を丁寧にご紹介いただきながら，子どもたちの未来を見据えた教育の在り方について，初学者にも理解しやすい言葉でお伝えいただけたと感じます。

　午前中の講演2では，アクティブ・ラーニングの実証的，実践的研究に

おいて知られる溝上慎一先生（桐蔭学園理事長）のご講話をいただきました。さまざまな高校における，アクティブ・ラーニングの授業への導入段階から，その継続による生徒，教師双方の学びの深まりについて，事例をベースとしてご教示いただきました。特に，アクティブ・ラーニングはただ話し合う形式の授業をしていれば良い，ということではなく，学ぶ生徒，教師にしっかりとした約束事，型があることが重要であることを強調されておりました。同時に，授業において，グループワークに参加していない生徒の成長をそのままにしておかないことについても重要であることが示されました。さらに，昨今の大学教育改革が学生にもたらす効果が非常に限定的であることが実証的なデータにより解説され，それを改善するための高校教育の重要性についてお話がありました。多くの会員の皆様にとって，非常に有益かつ刺激的な講話であったと感じます。

　午後は，開催校である桃山学院教育大学の村上祐介先生より，当大学における学生の非認知的能力を向上させる少人数制の講義外初年次教育プログラム「11人の侍」の実践内容とその成果について，実証的なデータをもとに報告をいただきました。また，分科会，口頭発表では，学校現場の先生方，大学研究者，医療従事者，また大学生といった幅広い方々による，授業実践や実証研究に基づく発表が行われました。

　日本人間教育学会は，人間教育の理念を抱き，大学で研究に携わる皆様，教育現場でご活躍の先生方，教育行政に携わる方々，また，教育に携わることを志す学生の皆様が手を取り合い，子どもたちを守り育てていくことを真摯に考えて今後も活動を続けます。皆様の引き続きのご協力をお願い申し上げます。

日本人間教育学会HP（http://www.ningenkyoiku.org/）（文責：高木悠哉）

梶田先生による講演　　　溝上先生による講演　　　大会会場の様子

# 日本人間教育学会入会の呼びかけ

　この度，人間としての真の成長を願う「人間教育」の実現を目指す教育研究を推進するために，日本人間教育学会を発足することとなりました。

　「人間教育」の理想は，子どもたちと教育者双方の人間的な成長を視野に入れた理論と実践の対話によって実現するものであると考えています。この方向での研究は，これまで教育学，教育哲学，教育心理学，教育社会学，教育実践学等々の専門分野で行われてきましたが，本学会は学際的にこうした諸研究の統合的発展を目指していきたいと願っています。

　「人間教育」の理想の実現のために本学会は，子どもたちの学力保障と成長保障の両全を目指すと共に，教育者自身のあり方も問いたいと考えています。このことは，師弟関係における師たるものの生き方，あり方を根本的な意味で重視するものであり，教育者自身の人間的な面での研鑽を目指すことでもあります。

　日本の教育は，常に厳しい教育的課題と向き合い，それに真摯に取り組む中で進んできました。そうした中で，ときに日本の学校，教師は，時々の教育的課題や教育の流行に翻弄されることもありましたが，私たち日本人間教育学会は，教育の万古不易の面を強く意識し，一時の流行に流されることのない主体的思考を堅持して教育課題や教育問題を考えていきたいと願っています。日本人間教育学会は，複雑で重要な教育問題，教育的課題ほど，単一の正解はないという教育の特質を踏まえ，この国の未来が教育の中にこそあるという熱い思いを堅持し，学校，教師の疑問や悩みと真剣に向き合う学会として進んでいく決意をしています。そのため，学校と教室における教育成果にこだわり，教育学研究を基礎研究から重視することと共に，研究者と実践者の対話，コラボレーションによる授業提案や日本の教育に求められる実践，取組の提案も重視します。

　このような本学会の趣旨に賛同し，共に自身を謙虚に磨く決意に満ちた教師，大学教員の方々に広く入会を呼びかけます。

　みなさん，日本人間教育学会に入会し，教育のあり方の根本に思いをいたし，研究者として，また教育者として，共に自らの人間性を磨き合っていこうではありませんか。

日本人間教育学会【呼びかけ人】（所属等は 2015 年度のもの）

    呼びかけ人代表　梶田　叡一（奈良学園大学長／元兵庫教育大学長）

    幹事長　　　　　鎌田首治朗（奈良学園大学教授）

浅田　　匡　（早稲田大学教授）

五百住　満　（関西学院大学教授）

伊﨑　一夫　（奈良学園大学教授）

太田総二郎　（創価学園創価教育研究所長）

大谷　武彦　（ＥＲＰ代表／元東京書籍編集局長）

加藤　　明　（関西福祉大学長）

金山　憲正　（奈良学園大学教授）

木原　俊行　（大阪教育大学教授）

杉浦　　健　（近畿大学教授）

住本　克彦　（新見公立短期大学教授）

善野八千子　（奈良学園大学教授）

高木　　章　（元尼崎市立小学校長）

中島　章夫　（元文部省審議官／元科学技術庁政務次官）

中洌　正堯　（元兵庫教育大学長）

中間　玲子　（兵庫教育大学教授）

中村　　哲　（関西学院大学教授）

成山　治彦　（立命館小学校・中学校・高等学校長）

西辻　正副　（奈良学園大学統括副学長／元文部科学省主任視学官）

比嘉　　悟　（芦屋大学長）

古川　　治　（甲南大学教授）

前田　洋一　（鳴門教育大学教授）

松田　智子　（奈良学園大学教授）

溝上　慎一　（京都大学教授）

八木　成和　（四天王寺大学教授）

湯峯　　裕　（大阪府立春日丘高等学校長）

横須賀　薫　（十文字学園女子大学長／元宮城教育大学長）

吉田　明史　（奈良学園大学副学長／元奈良教育大学教授）

渡邉規矩郎　（奈良学園大学教授／日本教育新聞社顧問）

渡邉　　満　（岡山大学教授）

# 日本人間教育学会　入会申込書

※会員番号 ☐☐☐☐☐☐

申込日　　　年　　月　　日　　　　　　　　　　　　※幹事会記入欄

| 会員種別* | 正会員　・　学生会員 | 入会年度 | 年度 |
|---|---|---|---|

| | 姓（Last name） | 名（First name & Middle name） | |
|---|---|---|---|
| 名　前 | | | 印 |
| 名前（カナ） | | | |
| 名前（英字） | | | |
| 生年月日 | 西暦　　年　　　月　　　日 | 性別*　　　　　男　・　女 | |
| 連絡先* | 所属　・　自宅 | *会員種別・性別・連絡先は該当するものを〇で囲んでください<br>*連絡先は、会報等の送付先となります | |

◆所属先◆

| 名称・学部 | | | | |
|---|---|---|---|---|
| （部署） | | 職名 | | |
| 所在地 | （〒　　　ー　　　） | | | |
| | TEL | 内線： | FAX | |

◆自宅◆

| 住　所 | （〒　　　ー　　　） | | |
|---|---|---|---|
| | TEL | FAX | |

◆メールアドレス◆　※携帯電話のメールアドレスは登録できません。

| E-mail | |
|---|---|

◆学歴◆

| 最終学歴 | | 西暦　　年 卒業<br>修了 |
|---|---|---|
| 専門分野 | | |

◆指導教員◆　※学生会員として申し込む方は、指導教員の情報をご記入ください。

| お名前 | |
|---|---|
| 所　属 | |

日本人間教育学会幹事会（桃山学院教育大学内）
〒590-0114　大阪府堺市南区槙塚台4-5-1
TEL：072-288-6655（代）
FAX：072-288-6656
担当：宮坂政宏　MAIL：miyasaka@andrew-edu.ac.jp

# 日本人間教育学会会則

〈名称〉

第1条　本会は，日本人間教育学会と称する。

第2条　本会の会務を遂行するために幹事会と事務局を置く。幹事会と事務局は，当分の
　　　　間会長所属の大学内に置く。

〈目的と事業〉

第3条　本会は，子どもたちと教育者の人間としての成長を願う「人間教育」の実現のため，
　　　　教育に関わる諸学，例えば教育哲学，教育心理学，教育社会学，教育実践学等々
　　　　の学際的対話，諸研究の統合的発展を目指し，日本の教育課題に正対し，子ども
　　　　たちの学力保障と成長保障を目指し，子どもたちと教育者それぞれが〈我の世界〉
　　　　を生きる力と〈我々の世界〉を生きる力の双方の涵養，研鑽を目的とする。

第4条　本会は，前条の目的達成のために次の事業を行う。

　　　　⑴ 学会誌『人間教育学研究』と『教育フォーラム』の編集発刊

　　　　⑵ 研究発表会，講演会等の開催

　　　　⑶ その他の必要な事業

〈会員〉

第5条　本会の会員は次の4種とする。

　　　　⑴ 正会員

　　　　　本会の目的に賛同し，会長の承認のもと，所定の会費を納めたもの。

　　　　⑵ 学生会員

　　　　　将来教員を志す学部（短大・専門学校を含む）の学生，また真摯に本学会で自
　　　　　己研鑽を目指す志のある学生で，指導教員の承諾を得て，会長の承認のもと，
　　　　　所定の会費を納めたもの。

　　　　⑶ 賛助会員

　　　　　本会の趣旨に賛同する団体で会長が認めたもの。

　　　　⑷ 特別会員（特別顧問）

　　　　　本会の充実・発展に特に寄与するものとして，会長が認めたもの。

　　2　本会に入会しようとする者は，必要事項を記入した申込書を事務局に提出し，
　　　　会長の承認を経て会員として認められる。学生会員については，指導教員の承
　　　　諾印が必要である。

　　3　退会しようとする者は，文書によりその旨を事務局に申し出，会長の承認を経て，
　　　　当該年度末をもって退会とする。なお，所定の会費を2年以上納入しない者は，

退会となる。

第6条　本会の会員は，学会誌『人間教育学研究』に投稿し，また研究発表会その他の行事に参加することができる。投稿規定は別に定める。

第7条　本会の正会員，特別会員は，学会誌『人間教育学研究』と『教育フォーラム』の配付を受けることができる。学生会員と賛助会員は，学会誌『人間教育学研究』の配付を受ける。また，学生会員は正会員，特別会員の指導助言を受けることができる。

〈役員〉

第8条　本会に，次の役員をおく。

　　⑴ 会長

　　⑵ 幹事長

　　⑶ 理事

　　⑷ 幹事

　　⑸ 学会誌『人間教育学研究』編集長

　　⑹ 監事

　2　会長は，本会を代表する。

　3　会長は，幹事長，理事，幹事，学会誌『人間教育学研究』編集長を任命する。

　4　会長に事故ある場合には，予め会長が指名した順にその職務を代行する。

　5　会長は，理事会の招集，開催を必要に応じて行う。理事会は，会長から提案された年間の予算，決算，事業計画，事業報告を議する。幹事会は，理事会の議を経た年間の予算，事業計画を遂行する。

　6　幹事長は，会長の指示の下，幹事会を構成し，本会の運営にあたる。なお，必要に応じて事務担当をおくことができる。

　7　監事は会計，及び事業遂行の監査にあたる。監事は会長が委嘱する。

　8　役員の任期は2年とし，会長は役員任期終了前に次期役員を任命し，定期総会で報告する。なお，各役員の再任を妨げない。

第9条　本会に幹事会をおく。

　2　幹事会は，前条第1項第4号の委員並びに事務担当をもって構成し，幹事長がこれを代表する。

　3　幹事会は，学会誌『人間教育学研究』発刊に対して必要な意見を編集長及び編集委員に述べ，発刊が円滑に行われるようにする。

　4　幹事会は，会長の指示を受け，幹事長の下，日常の学会活動を効果的，円滑的に運営する。

第10条　本会は，学会誌『人間教育学研究』と『教育フォーラム』を発刊する。

　　　2　会長は，学会誌『人間教育学研究』編集長を任命する。学会誌『人間教育学研究』は，編集長と，会長が任命した編集委員によって行う。その際，会長の指示を受けた幹事会の意見を生かし，円滑に発刊できるようにする。

　　　3　会長は，『教育フォーラム』を編集する。幹事会は，会長の指示を受け，『教育フォーラム』を円滑に発刊できるようにする。

〈総会〉

第11条　本会は第3条の目的を達成するために，年1回，日本人間教育学会総会を開催する。また，会長が必要を認めた場合には臨時総会を開く。総会は正会員，学生会員，賛助会員をもって構成し，議事は正会員出席者の過半数の同意をもって決定する。

〈会計〉

第12条　本会の経費は，会員の会費及びその他の収入による。

　　　2　本会の会費は，付則の定めるところによる。

　　　3　本会の会費は，前納するものとする。

　　　4　本会の会計年度は4月1日より翌3月31日までとする。

〈改正〉

第13条　本会則の改正は，会長が行い，総会において発表する。


【付則】

　　　1．会費は，以下のものを納める。

　　　　正会員　　　　5,000円

　　　　学生会員　　　2,500円

　　　　賛助会員　　　一口10,000円

　　　2．本会則は，平成27年10月18日より発効する。

186

## ●執筆者一覧 （執筆順）

梶田叡一 （かじた・えいいち）　　　　桃山学院教育大学学長・日本人間教育学会会長

鎌田首治朗 （かまだ・しゅうじろう）　　桃山学院教育大学教育学部学部長・教授

湯峯　裕 （ゆみね・ひろし）　　　　　桃山学院教育大学教育学部教授

二瓶弘行 （にへい・ひろゆき）　　　　桃山学院教育大学教育学部教授

菅井啓之 （すがい・ひろゆき）　　　　京都光華女子大学非常勤講師

岡本祐佳 （おかもと・ゆか）　　　　　京都府長岡京市立長岡第三小学校教諭

山本万莉菜 （やまもと・まりな）　　　京都府京都市立西京極西小学校常勤講師

葉山貴美子 （はやま・きみこ）　　　　大阪キリスト教短期大学教授

今西幸蔵 （いまにし・こうぞう）　　　桃山学院教育大学教育学部客員教授

村上佳司 （むらかみ・けいし）　　　　桃山学院教育大学教育学部教授

杉浦　健 （すぎうら・たけし）　　　　近畿大学教職教育部教授

比嘉　悟 （ひが・さとる）　　　　　　芦屋大学学長

古川　治 （ふるかわ・おさむ）　　　　桃山学院教育大学教育学部客員教授

蔵あすか （くら・あすか）　　　　　　山陰心理研究所臨床心理士

村上祐介 （むらかみ・ゆうすけ）　　　桃山学院教育大学教育学部講師

髙木悠哉 （たかき・ゆうや）　　　　　桃山学院教育大学教育学部准教授

井上信子 （いのうえ・のぶこ）　　　　日本女子大学人間社会学部教授

教育フォーラム65

# 人間力の育成
人間教育をどう進めるか

2020年2月29日　初版第1刷発行　　　　　　　　　　　　　　　　　　検印省略

責任編集　　　　梶田叡一
編集ⓒ　　　　　日本人間教育学会
発　行　者　　　金子紀子
発　行　所　　株式会社　金子書房
　　　　　　〒112-0012　東京都文京区大塚3-3-7
　　　　　　TEL 03-3941-0111　FAX 03-3941-0163
　　　　　　振替　00180-9-103376
　　　　　　URL　http://www.kanekoshobo.co.jp
印刷／藤原印刷株式会社
製本／一色製本株式会社

ISBN 978-4-7608-6015-9 C3337　　　　　　　　　　　　　　Printed in Japan